JN056749

ディープ・
アクティブラーニングの
はじめ方

つながりのなかに主体性を取り戻す

山川修
早川公

春風社

目次

はじめに

　筆者らは、福井県内の 5 つの高等教育機関が連携して活動する大学連携事業（Fukui LEarning Community ConSortium: F-LECCS：F レックス）の一環で、地域の問題解決を構想する Project-Based Learning（PBL）を 2014 年から 2021 年までの 8 年間実施してきました。この取組みを本書では地域 PBL と呼ぶことにしますが、地域 PBL は、地域の問題解決を構想するなかで、自律的学習者を育成しようという野心的な試みでした。

　ここでいう自律的学習者とは「学ぶことを面白いと感じ、内発的動機づけから活動するような学習者」と考えています。大学の授業では、直接的には外発的動機づけを提供することしかできなくて、「内発的動機づけを提供する」といった瞬間に矛盾が生じてしまいます。ですから内発的動機づけに関しては、それが生まれやすい環境を提供することしかできず、あとは学習者のなかで内発的動機が生まれるのを待つ必要があると考えています。

　内発的動機づけが生まれやすい環境をどうつくるかのモデルとして次頁の図 0-1 を考えています。このモデルの詳細は第 6 章で説明しますので、ここでは概略だけお話ししておきます。まず動機づけのデザインとして、自己決定理論（Deci 1995）をベースに考えています。自己決定理論では、外発的動機づけを内発的動機づけに転化するポイントとして自律性、有能感、関係性をあげています。地域 PBL には、関係性の部分を「関係性のデザイン」としてリーダーシップ・トレーニングの方法論を取り入れ、自律性と有能感の部分を「問いのデザイン」としてデザイン思考の方法論を取り入れています。そして、リーダーシップからメンバーと課題に関する深い関与が生まれ、デザイン思考が深い理解につながり、それがディープ・アクティブラーニングに結びついていくというストーリーです。もちろん、深い関与と深い理解は、ここでいうほどはっきり分かれているものではありませんが、まず大枠を理解してもらうた

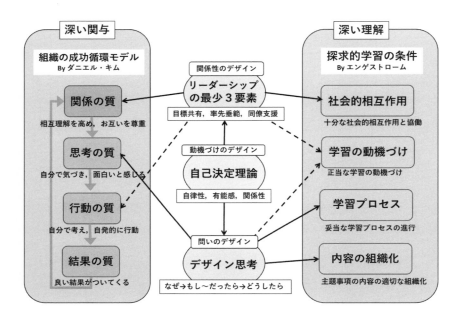

図 0-1　内発的動機づけを引き出すための PBL のモデル

め、あえて単純化した話をしているとご理解ください。

　本書では、第 1 章でディープ・アクティブラーニングとは何か、それをど
う実現するかを「深い理解」に関わるエンゲストロームの探求的学習（エンゲ
ストローム 2010）、および「深い関与」に関わるダニエル・キムの成功循環モ
デル（Kim 2001）をもとに説明します。第 2 章では「関係性のデザイン」とし
て採用しているリーダーシップ・トレーニング（日向野 2018）を、第 3 章では
「問いのデザイン」として採用しているデザイン思考（ブラウン 2014）の説明を
行います。第 4 章ではそれらをもとに実際の地域 PBL をどう運営していった
かを、第 5 章では地域 PBL の評価の考え方と実際の適用の仕方を説明します。
第 6 章ではこれまでにあげた理論のより詳しい説明を行い、第 7 章では 2020

年度の地域 PBL を完全オンラインで実施したので、こういった PBL をオンラインで実施する場合の注意点と課題を解説します。

　読者の方が、自分たちの授業で利用しようと考える場合は、まず第 4 章と第 5 章を読めば、概略は理解できると思います。地域 PBL の設計思想を学びたいという方は、第 1 章、第 2 章、第 3 章を読むと良いでしょう。またオンラインで PBL を実施する場合には第 7 章が参考になると思います。ベースとなる理論は第 6 章で説明しますが、より深く理解するためには、参考文献に掲載されている書籍を読む必要が出てくるかもしれません。

　本書では、主に大学・高校向けにデザイン思考とリーダーシップ・トレーニングの要素を取り入れ、「問いを立てる」ことと「信頼関係を創る」ことに焦点を当てたディープ・アクティブラーニングの 1 つの形を提示しています。一方、デザイン思考に焦点を当てた社会人向けの取り組みとして「コトのデザイン実践講座」という講座を、数年前からデザインが専門の方を中心に提供しています。その講座では、デザイン思考のなかの「共感」から「問題定義」までに焦点を当て、通常のデザイン業務で使われている手法を取り入れた講座になっています。この「コトのデザイン実践講座」で提供している内容を、本書の姉妹書として『コトのデザイン──発想力を取り戻す』というタイトルで上梓しますので、そちらも是非ご覧いただけたらと思います。

　なお、本書は科学研究費補助金課題番号 21K18516 の助成を受けて制作しています。

第1章

ディープ・アクティブラーニングとは何か

アクティブラーニングは従来の教育で行われてきた知識伝達型の教育のアンチテーゼとして提案されてきています。その定義はさまざまですが、溝上によると「一方的な知識伝達型講義を聴くという（受動的）学習を乗り越えるという意味での、あらゆる能動的な学習のこと。能動的な学習には、書く・話す・発表するなどの活動への関与と、そこで生じる認知的プロセスの外化を伴う」と定義しています（松下 2015）。文部科学省の学習指導要領では、アクティブラーニングという言葉を使ってはいませんが、同等の概念として「主体的・対話的で深い学び」と表現しています。

しかし、アクティブラーニングという知識伝達型の授業でない形式においても、現在までにいくつかの課題が指摘されています。この章で検討するディープ・アクティブラーニングは、「深い」というキーワードを通してアクティブラーニングの課題を克服するための試みといって良いでしょう。

1-1　なぜディープ・アクティブラーニングが必要か

アクティブラーニング（以下、AL）は、大学などの高等教育だけでなく、初等・中等教育にも急速に導入されつつあります。しかし、松下が『ディープ・アクティブラーニング』（松下 2015）という書籍で指摘するとおり、AL には以下のような問題点があると考えられています。

（1）知識（内容）と活動の乖離

　ALのなかで活動に焦点を当てると、知識を習得する時間が少なくなり、対象に対する深い知識なしには高次の思考は生まれないのではないか、という問題です。

（2）能動的学習をめざす授業のもたらす受動性

　ALにおける構造化された活動は、それに乗っかっていれば学習をしているような気になり、教員からいわれたままに活動をするという受動的な学習者を増やしているのではないか、また、ALの場合グループで活動することが多く、個々の学習者の責任が曖昧になることが多くなるという問題です。

（3）学習スタイルの多様性への対応

　学習者には好む学習スタイルがあり、必ずしも、グループワークをするのを好む学生ばかりではないという問題です。

　松下は、ALのこれらの課題の解決をめざす方向性の1つとして学習の「深さ」を考察し、「深いアプローチ」、「深い理解」、「深い関与」の3つをあげています（松下 2015）。

（a）深いアプローチ

　深いアプローチとは概念を自分で理解しようとする学習であり、一方、浅いアプローチとは授業で要求されたことを満たすために、事実をひたすら暗記したり、決まった手続きをひたすらくりかえす学習としています。

（b）深い理解

　一番浅い理解となるのは知識がばらばらに記憶されている状態で、より深い理解では転移可能な概念となり、一番深いレベルでは原理や一般化として位置づけられます。

（c）深い関与

　学習者がどの程度目の前の学習に興味を持って取り組んでいるか、ということを示すのが深い関与です。

つまり、ディープ・アクティブラーニング（以下、DAL）は、この3つの観点から「深い」学習にアプローチしていきます。松下は、この3つを満たす学習モデルとしてエンゲストロームの活動システム（拡張的学習）をあげています（エンゲストローム 1999）。ただし、拡張的学習は、与えられた枠組みや活動を再構築することも含むので、教育機関における授業（ALも含む）には適応が難しいと考えられます。そのため、DAL に適応する学習プロセスとして、エンゲストロームは拡張的学習に接続するために探求的学習のプロセスを提案しています。

　筆者らが取り組む Project-Based Learning（PBL）は、地域の問題解決をめざすPBL なので、これ以降では「地域 PBL」と呼びますが、エンゲストロームの探求的学習のプロセスを基礎に設計されています。PBL も能動的学習をめざすという点から AL の1つと考えることができます。また、これまでに述べたように、AL の課題を解決するために学習の「深さ」に配慮し、「深いアプローチ」「深い理解」「深い関与」を満たすと考えられるエンゲストロームの拡張的学習に接続する探求的学習を PBL に取り入れています。

　以下では、地域 PBL の授業設計の基礎にしているエンゲストロームの拡張的学習と探求的学習に関して説明します。

1-2　エンゲストロームの拡張的学習と探求的学習

　エンゲストロームの拡張的学習は人間の活動を図 1-1 のような枠組みで捉えています。主体が対象に働きかけるのが人間の活動ですが、そのためには、道具、共同体、ルール、分業といった要素が絡み合いながらシステムとして機能しています。拡張的学習では、システム内外で生じる矛盾をきっかけに、システム内の要素を変革しながら新しい要素間の関係を創っていくことが「学習」とされました。しかし、この場合は、共同体やルールも変革の対象になるので、決まった共同体やルールのなかで実施する学校教育のなかでは、実施は難しいと考えられ、エンゲストロームは拡張的学習に接続する形で学校教育等

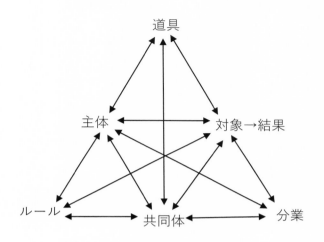

図 1-1　人間活動の構造
（エンゲストローム 1999）

のなかで使える枠組みとして「探求的学習」の方法論を提示しました。ベイトソンの分類（ベイトソン 1986）に従えば、探求的学習は第二次学習（学習Ⅱ）に相当し、学習することを学習することに対応します。つまり第一次学習（学習Ⅰ）のように正解をコピーするのではなく、正解をどう生み出せば良いかを学習することにつながります。これには試行錯誤が必要となり、解くべき問題を分析し、その背後にある原理について仮説をつくり、それを検証していくというプロセスが必要となります。さらに、拡張的学習はベイトソンのいう第三次学習（学習Ⅲ）に相当し、解くべき問題があった場合に、それが提示された文脈（共同体やルールなど）にも疑いを持ち、文脈の修正も含めて問題解決を考えるというプロセスになります。

　探求的学習は図 1-2 に示すような 6 つのステップから構成されています（エンゲストローム 2010）。

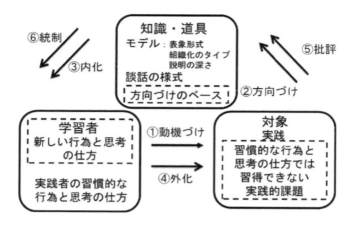

図1-2　探求的学習の6つのステップ
（エンゲストローム 2010）

① 動機づけ（Motivation）

　エンゲストロームは拡張的学習でも動機づけに「矛盾（コンフリクト）」を重視していますが、探求的学習でも認知的コンフリクトを前提としています。認知的コンフリクトとは学習者の事前の概念では理解または解決できないような対象に関する認識をさします。

② 方向づけ（Orientation）

　方向づけとは方向づけのベースを形成することです。方向づけのベースは、問題を解決するための予備的な仮説をさします。具体的には問題に関する要素の関連図や表などの問題に対するモデルと考えられます。方向づけのベースは学習者が自ら創り出すことが望ましいですが、状況に応じて、方向づけのベースの最初のものは講師側から提供する場合もありえます。探求的学習のなかで、学習者は方向づけのベースを更新しながら問題に取り組んでいくことになります。

③ 内化（Internalization）

　内化は、方向づけのベースとしてモデル化した問題を自分のなかに落とし込

む過程です。内化をすることにより、モデルを把握し、それと現実の問題を比較して、方向づけのベースを変更する可能性も見えてきます。

④ **外化**（Externalization）

　外化は内化されたモデルをもとに対象に働きかけ変化をつくることです。方向づけのベースを実践に変換する段階ともいえると思います。内化と外化は一連のプロセスのなかでは不可分と考えられます。

⑤ **批評**（Critique）

　方向づけのベースをもとに外化することにより、それがどの程度妥当かを測ることが可能になります。批評のステップでは、作成した方向づけのベースの良い点と悪い点を認識し、それを改定することができるようになります。

⑥ **統制**（Control）

　このステップでは学習者は自分自身の学習のプロセスを振り返ります。自分の学習に対するメタな視点を持つことが統制のなかで行われ、続く学習プロセスの改善につなげていきます。

　地域PBLでは、探求的学習の6つのステップを基礎として、表1-1に示すように授業を進行しました。

表 1-1　地域 PBL で実施した探求的学習の 6 つのステップ

ステップ	地域 PBL で実施した内容
① 動機づけ	地域の方から問題提起を受け、フィールドワークをすることにより認知的コンフリクトを引き出す。
② 方向づけ	デザイン思考を使い、ユーザ、ニーズ、インサイトという観点から、地域の問題を認識し、それを問題定義という形で定式化する。
③ 内化	フィールドワークで学習者が感じたことをまず個別にまとめ、次にそれをグループワークで発表し、その後さまざまな意見交換を行い、ユーザ、
④ 外化	
⑤ 批評	ニーズ、インサイトや問題定義の見直しも含めて議論する。
⑥ 統制	1 日の終了時に毎回、振返りシートを使い、自分が何を学んで、それは自分にとってどういう意味があるかという点に関して、振返りを行う。

ここでデザイン思考（ブラウン 2014）ということばが出てきていますが、デザイン思考が何かは、第3章で詳しく説明します。

　一貫性のある深いレベルの探求的学習を成立させるためにエンゲストロームは以下の4つの条件を想定しています（エンゲストローム 2010）。

(1) 学習の動機づけ

　エンゲストロームは学習の動機づけとして、(i) 状況的な動機づけ、(ii) 道具的な動機づけ、(iii) 実質的な動機づけ、の3つを想定しています（エンゲストローム 2010）。状況的な動機づけとは、状況や主題の新しさなど外的な要因により学習者の注意を一時的に引くものです。道具的な動機づけは疎外された動機づけと呼ばれることもありますが、外的報酬を得ることや、失敗や罰を避けようとすることを、その目的とするものです。最後の、実質的動機づけとは、学習者が学習内容を面白いと考え、その有用性への純粋な興味にねざしているものをさします。言い換えると (i) (ii) は外発的動機づけ、(iii) は内発的動機づけと考えることができます。

　深いレベルの学習のための最初の条件は、実質的動機づけが作り出されているという点です。探求的学習では前述したように、認知的コンフリクトを重視して学習者の実質的動機づけを引き出そうとしています。

(2) 知識の組織化

　探求的学習を実施する場合の知識の適切な組織化といった場合、表象と深さという2つの次元があると考えられます。エンゲストロームによると、表象というのは、身体的・感覚運動的、視覚的・画像的、記号的・言語的、の3つのレベル、深さというのは、事実の集まり、定義と分類、手続き的記述、システムモデル、の4つのレベルが想定されています。

　表象の3レベルは、具体的⇔抽象的という軸で、深さの4レベルは、浅い⇔深いという軸で分類できそうです。知識の組織化という観点から見ると、後者の軸で、事実の集まりが一番組織化の度合が低く、システムモデルが一番組織化の度合が高くなるのは明らかです。

探求的学習では、システムモデルとまではいかなくても、少なくとも事実の単なる集まりではなく、分類し定義するところまでは探求する必要がありそうです。

(3) 学習プロセス

　探求的学習の学習プロセスというのは図 1-2 で説明した、①動機づけ、②方向づけ、③内化、④外化、⑤批評、⑥統制、という 6 つのステップです。この学習プロセスのなかでは、学習者は自分が取り扱っている問題に対して、うまく働く説明モデルの探求者として活動しています。そのプロセスのなかで学習者は、実質的な動機づけを基礎に知識を適切に組織化し、自分が取り組む問題を説明できるシステムモデルを探し求めることになります。

(4) 社会的相互作用と協働

　学習は個人のなかで起こることですが、同時に社会的できごととして起こると考えることもできます。たとえば、社会に出てから職場のなかで仕事のしかたを学んだり、趣味の世界で好きなことを学ぶ際は、コミュニティのなかでメンバーと相互作用しながら学んでいるわけです。このように、学習は直接・間接的に社会的相互作用のなかで発生すると考えてもいいでしょう。そのため、社会的相互作用が発生する、どのような環境を提供するかは、探求的学習にとっても重要なポイントになります。

　エンゲストロームは社会的相互作用を引き起こす協働（collaboration）に関して、(a) 協調（coordination）、(b) 協同（cooperation）、(c) コミュニケーション、の 3 つを想定しています。「協調」は、取り組む問題に関して共同的には省察せず、各学習者が自分の担当した特定の部分にだけ注意を払って活動をするような状況をさします。「協同」は、取り組む問題に対して共同で省察し、その問題を概念化し解決する方法を模索するような状況をさします。しかしこの場合、学習者の相互行為に関して共同で省察することはしません。最後の「コミュニケーション」は、取り組んでいる課題だけでなく、学習者の相互行為にも焦点を当て省察するような状況をさします。この場合、取り組んでいる問題

に対する解決策だけでなく、ともに働くための新しい方法も学習していくことになります。

　探求的学習の協働としては「協同」の段階で十分かもしれませんが、それが「コミュニケーション」まで進化すると、探求的学習の形態が拡張的学習へと発展していくと考えられます。

　地域 PBL では、探求的学習におけるこれら 4 条件に対して、表 1-2 のように対処しています。

表 1-2　地域 PBL で実施した探求的学習の 4 条件

条件	地域 PBL で実施した内容
(1) 学習の動機づけ	「矛盾（コンフリクト）」を駆動原理として利用。地域の方からの問題提起とフィールドワークをして得た情報が矛盾することがしばしばあった。その結果、学習者が「どうしてだろう」と悩み、それが動機づけになり探求的学習が進行する。
(2) 知識の組織化	学習者自らが問いを立てるために、デザイン思考の手法を使い情報を整理し、手続き的記述またはシステムモデルとしてフィールドワークで得られた情報を組織化した。これが AL の課題で示した「知識と活動の乖離」の解決策となる「深い理解」につながっている。
(3) 学習のプロセス	地域 PBL では、表 1-1 で提示したように、探求的学習の 6 つのステップを実施する。
(4) 社会的相互作用	学習者自らが、チームメンバーとの間で信頼の関係性を創るため、リーダーシップ・トレーニングのエッセンスを導入し、社会的相互作用を活性化し協働ができるようにした。これが AL の課題で示した「能動的学習がめざす授業の受動性」の解決策となる「深い関与」につながっている。

ここであげているデザイン思考は第 3 章で、リーダーシップ・トレーニングは第 2 章で詳しく説明します。

　このように、エンゲストロームの探求的学習は、深い学習を行い、AL の課題を克服するための条件を備えており、本章のこれ以降は地域 PBL において実際にどうやってそれらを実現していくかを説明します。

1-3　DALをPBLでどう実現するか

　AL の課題の 3 つの視点について、グループワークや活動が主になるという PBL の特性を考えると「(3) 学習スタイルの多様性への対応」に関しては PBL のなかだけでは解決は難しく、他の科目との連携が必要になると考えられます。そのためここでは課題「(1) 知識（内容）と活動の乖離」と「(2) 能動的学習をめざす授業のもたらす受動性」に関して検討します。そして、深い学習の 3 つの視点では、「(a) 深いアプローチ」はアプローチに関係することで、その結果は「(b) 深い理解」と同等になると考えられるので、「(b) 深い理解」としてまとめても問題ないと思われます。そのため、私たちは DAL が実現しようとする「深い」学習として、「深い理解」と「深い関与」の 2 つを想定して以下の議論を進めていきます。

　さて、「深い理解」と「深い関与」は、AL の課題として指摘されている (1) 知識と活動の乖離、(2) 能動的学習がめざす授業の受動性、と密接に関係があります。「深い理解」というのは、知識がバラバラに記憶されているということではなく、そのつながりを理解し、さらには、底に流れている原理を理解し、表面に現れてくる現象を統一的に理解しようという試みです。つまり深い理解は、活動のなかで出会った現象を一般化し、何が本質かを探る試みが深い理解につながると考えられます。そのため、深い理解をめざすことにより、知識と活動は統合に向かうことになり、課題「(1) 知識（内容）と活動の乖離」の解決策となりうるのではないでしょうか。

　一方「深い関与」は、今、学習しているテーマにどの程度興味があるか、という学習テーマに対する動機と理解されていますが、私たちは、グループワークの際、グループメンバーとの信頼関係（関与）がどの程度できているかも、学習の動機づけに強く関わり、深い関与に寄与する項目の 1 つと考えています。その視点から AL の課題「(2) 能動的学習をめざす授業のもたらす受動性」を見てみると、テーマやグループメンバーとの間に深い関与があると、おのずと動機づけがなされ、受動的な部分は少なくなるのではないでしょうか。そのため（特にグループメンバーとの）深い関与を促すことにより、課題 (2) に

関してもある程度解消されることが予想されます。

　ここまでで「深い理解」と「深い関与」が AL の課題を解決する可能性が高いことを説明しました。つまり DAL により課題「(1) 知識（内容）と活動の乖離」と「(2) 能動的学習をめざす授業のもたらす受動性」を解決できる可能性があるということになります。では、どうやって「深い理解」と「深い関与」を実現すれば良いのでしょうか。その点を次節で説明したいと思います。

　地域 PBL では、「深い理解」に結びつけるために「問いを立てる」ことを、「深い関与」を行うために「(信頼) 関係を創る」ことを柱として、PBL の設計および運営を行っています。地域 PBL の活動を通して発見したことを、問いを立てることを通して統合していきます。また、グループ内のメンバー間の信頼関係を創ることを通してメンバー間の深い関与のみならず、テーマに対する動機づけも得られることを確認しています。そのため以下に、「問いを立てる」ことと「(信頼) 関係を創る」ことの詳細を説明します。

1-4　問いを立てる

　まず「深い理解」に関係した、地域 PBL で柱の 1 つである「問いを立てる」ことに関して考察します。

1-4-1　なぜ問いを立てることが重要か

　現在の日本の教育では、問いを立てることよりも、立てられた問いを解くための知識やスキルに重点が置かれています。もちろん、いろいろな分野がどういう仕組みで働いているかということや、問題を解決するためにどういったスキルが必要で、それを実際にできるようにすることは、大学で学ぶためにも社会に出て働くためにも重要です。ここでは、なぜ問いを立てることが重要か、を考察していきます。

　不確実性がより認識されるようになった現在では、解くべき課題もめまぐるしく変化しています。また、そもそも何を課題として設定して解けばいいかさ

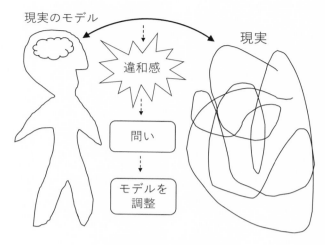

図 1-3　問いの必要性

えあいまいになってきています。このような時代においては、現状を分析し、問題を解くべき課題に変換する力が重要となってきます。そして課題を設定するためには、自ら問いを立てる能力が必要となってきます。しかし、現在の日本の小中高校では、生徒が自ら問いを立てるというトレーニングはほとんど実施されていませんし、大学でもほとんど実施されていません。

　問いが生まれてくるときは、自分のなかで持っている「現実のモデル」が、「現実」と食い違い、「あれっ、なんか変！」という違和感が生じるときではないかと考えています。通常はこういった違和感があっても、あまり気にせずにそのままにしておくことが多いのですが、この違和感をあえて言語化することで「問い」が生まれます。そしてその問いを探求することを通して、自分のなかにある現実のモデルを修正していき、現実によりフィットするものにしていきます（図1-3参照）。もちろんこのプロセスは一直線で進むわけではなく、ゆっくりとしか進まないでしょう。そして、このプロセスを経ることにより、その人が世界を見る目がステレオタイプではなく、自分の感性にフィットした

ものになり、新しい視点がそこから生み出されることになると考えられます。

　問いを立てることにより、活動で気が付いたことを、学習者が今まで持っていた既存の知識ネットワークのなかに組み入れていくことが可能になります。ときにはその際に、既存の知識ネットワークを修正する必要が出てくることもあります。そしてこのことが、学習者が持っていた既存の知識と、新しく得られた知識の間に橋をかけることになり、それが「深い理解」につながり、知識と活動の統合化が実現されます。

1-4-2　どうやって問いを立てるのか

　ここまで、違和感を源として、それを言語化することにより問いを立てる、と簡単に説明しましたが、今までそういった練習をしてこなかった学習者にとって、そのプロセスは容易なことではありません。そこで、問いの「ひながた」を「デザイン思考」という手法に従って提供しようというのが、地域PBLの枠組みです。デザイン思考の詳細に関しては第3章で詳しく説明しますので、ここでは、どういった問いを「ひながた」として提供するのかを簡単に示しておきます（バーガー 2016）。

◎最初の問い：「なぜ？」（着眼点）

　最初の問いは「なぜ？」です。自分の周りで起こっている状況に対して、違和感を持つことは多いでしょうが、そこから問いを立てる人はあまりいないかもしれません。違和感から問いを立てるというのは案外難しいのかもしれません。違和感が問いにすぐには結びつかない場合、最初に立てる問いは「なぜ、私はこんな違和感を持ったのだろう？」が適切かもしれません。この問いは、違和感を問いに変換する第一歩です。ただ、この段階ではまだ具体的な問いになっていないので、もう一歩進める必要があります。

　参考文献（バーガー 2016）にある1つのエピソードを紹介しましょう。昔、ある小さい女の子がお父さんに写真を撮ってもらい、その写真が出来上がるのに数時間から数日待つのに違和感を持ちました。なぜ違和感を持ったのか、たぶん「写真ができるまで待つのはイヤ」と思ったのではないかと想像でき

ます。そして女の子は次なる「なぜ」をお父さんに発しました。「なぜ、写真ができるまでこんなに待たなきゃいけないの？」。普通だったら、お父さんは「そんな無茶なことをいうな、写真とはそういうものだ」と叱っていたでしょうが、その父親は違いました。その女の子の問いをきっかけにポラロイドカメラ（その場で現像した写真が出力されるカメラ）を発明したのです。

　「なぜ？」という質問をするためには、この例のように、常識から判断しない幼い子に教えを乞うという手もありますが、コツは以下のような点だと指摘されています（バーガー2016）。

・一歩後ろに下がる（知っているという感覚を脇に置く）
・他の人が何を見失っているのかに気を付ける
・前提条件を疑ってかかる
・いま抱いている疑問を疑う

ポラロイドカメラの発明に際しては、写真というものは撮影してから現像して見ることができるようになるまで時間がかかるものだ、という「前提条件を疑う」ということを行った結果と考えることができます。

◎次の問い：「もし〜だったら？」（発散思考）
　次の問いは「もし〜だったら？」です。これは、「なぜ？」という問いをアイデアに結びつけるための第一歩で、想像の羽根を広げる段階です。あまり現実に可能かどうかは意識せずに、「なぜ？」の段階で得た着眼点について、「もし〜だったら」と空想を膨らませるプロセスです。そのためこの質問は「発散思考」と呼ばれるプロセスです。そしてこの質問をすることにより、いま目の前で起こっていることを、いつも見ている視点とは違った視点から見ることにつながります。

　たとえば、先ほどの「なぜ、写真ができるまでこんなに待たなきゃいけないの？」という質問に対して、「もしカメラのなかに暗室を作れたらどうだろう」というのが、この段階の問いの例です。「もし〜だったら？」という質問

をするためのコツは以下のような点です（バーガー 2016）。

・通常だと組み合わせないようなものを組み合わせる
・わざと間違って考える
・さまざまな視点から考えた後、しばらく放っておき熟成するのを待つ
・散歩等で考えるともなしに考える

最初の 2 つは意識的にできることですが、あとの 2 つは意識や論理ではない
ところを使うのが重要なようです。つまり、ある程度情報をインプットした
ら、アウトプットは自然に任せるということが重要な場合もあるということで
す。ポラロイドカメラのこの質問の例は、カメラの内部と暗室というまったく
普段では組み合わせないものを組み合わせた結果と考えられます。

◎最後の問い：「どうすれば？」（収斂思考）
　最後の問いは「どうすれば？」です。「もし〜だったら」で、現実から離陸
した問いを、「どうすれば？」という問いで、現実に着地させます。ポラロイ
ドカメラの例でいえば、たとえば「どうしたら、現像の薬液をカメラのなかに
セットできるのだろう？」といったものです。この段階では、まず試してみる
ことが重要です。アイデアを絵に描いて周りの人に見せフィードバックをもら
うとか、簡単な試作品（プロトタイプ）が作れるようなら、作ってみて周りの
人からフィードバックをもらうといった実験や試行錯誤によって、アイデアを
より良いものに改良していく方法です。これは言い換えると「試して学ぶ」ア
プローチと呼ぶことも可能です。つまり、この段階は、思考ではなく、試行
をもとにいままで培ってきたアイデアを現実に着地（収斂）させようというス
テップです。
　この「試して学ぶ」アプローチでは、当然ながら多くの失敗をすることにな
ります。その際、少なからず心の痛みを伴い、それがこのアプローチのブレー
キになることもあります。その際に有効な問いは「どうしてこのアイデアや試
行は失敗したのだろう」というものです。この問いを発することにより失敗か

ら学び、次にはその失敗を乗り越えて新しいアイデア・試行をすることができます。また、プロトタイプを見せた人からの否定的なフィードバックは、ときには肯定的なフィードバックより有益なことがあります。それは、どこが悪いかを考えるきっかけになるだけでなく、今進行しているアイデアや試行がまったく新しい領域にアクセスしている証拠となる場合もあるからです。

1-5　信頼関係を創る

　次に「深い関与」に関係する「信頼関係を創る」ことについて考察していきます。

1-5-1　なぜ信頼関係を創ることが重要か

　チームで1つの方向に向かって仕事をする場合、チームメンバーの間に信頼関係がある場合と、そうでない場合とでチームのパフォーマンスに差が出ることは、容易に想像できるでしょう。組織学習が専門のダニエル・キムは図1-4のような組織の成功循環モデルを提唱しています。この図は、パフォーマンスを上げる（結果の質を高める）ためには、まず、関係の質を上げることから始める必要があることを示しています。関係の質が上がることにより、チームメンバーの思考の質が上がり、それにより行動の質および結果の質が上がることにつながるというモデルです。多くのプロジェクトでは、最初に結果の質を上げることに注力しすぎるため、関係の質が下がり、思考の質が下がり、行動の質が下がり、最終的に結果の質も下がってしまうということになる場合にしばしば遭遇します。

　結果の質を上げるために、最初に関係の質を上げることから始めるという点は、Googleが実施したプロジェクト・アリストテレスでも同様の結論に達しています。プロジェクト・アリストテレスとは、Googleで実施されているさまざまなプロジェクトを分析し、その成功に結びついた要因を探った研究です。その結果、チームのパフォーマンスに一番寄与していたのは、チームの心

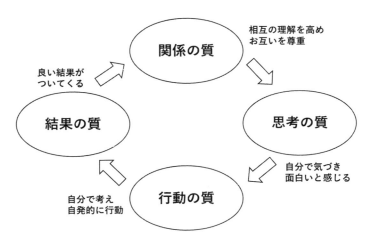

関係の質
相互の理解を高め
お互いを尊重

思考の質
自分で気づき
面白いと感じる

行動の質
自分で考え
自発的に行動

結果の質
良い結果が
ついてくる

図 1-4　成功循環モデル

理的安全性であるという結論になりました。心理的安全性というのは、単に仲が良いということではなく、何を話しても自分は脅かされないとチームメンバーが考えているということです。このことは、チームメンバー間の関係の質が高いことを意味していると考えられます。

1-5-2　信頼関係をどう形成するか

　地域 PBL では、立教大学で実施しているリーダーシップ・トレーニング（Business Leadership Program: BLP）（日向野 2013）を参考に、チームメンバー間の信頼関係の形成を行っています。リーダーシップといっても、BLP ではトップに立つ者のリーダーシップではなく、チームメンバーのリーダーシップとして、権限なきリーダーシップ（Leadership without authority）の育成を行っています。BLP のなかでは信頼関係を育成にするためにいくつかのしかけを作っています。地域 PBL では、そのエッセンスを、「SBI フィードバック」「振返り」「質問ワーク」という形で取り入れています。この 3 つの手法の詳細に関して

は第2章で解説しますので、ここではこれらの手法を取り入れた意図を説明しておきます。

　グループ活動の始めに、アイスブレークも兼ねて、質問ワークを実施します。これは、グループメンバーが抱えている解決したい課題に関して、質問によってその課題の本質を探るというワークです。このワークは、問いを立てる訓練にもなっていますが、メンバーが自分が抱えている課題を話して自己開示することにより、メンバー同士がお互いに近く感じられ、信頼が増すことが確認されています。

　次のSBIフィードバックについて、BLPのなかでは、リーダーシップの3要素として以下の3つを設定しています。

・目標共有：グループのなかで同じ目標を共有すること
・率先垂範：目標達成に向けてまずは自分がやってみせること
・同僚支援：他のメンバーが活動できるように支援すること

地域PBLでは、この3つのうち少なくとも1つに関わる具体的な目標を1日の始めに設定し、活動を終了する1日の終わりに、その確認作業を行います。確認作業はSBIフィードバックと呼ばれる方法で、まず活動で各メンバーの行動・言動が自分にどういう影響を与えたかを他のメンバーに伝えます。このフィードバックにより、自分が目標に掲げた行動が、グループメンバーにどういう影響を与えたかを可視化できるとともに、メンバー同士がお互いを認めあうことになり、信頼感が増す効果があります。そして振返りは、探求的学習の6つのステップのうちの「統制」に相当すると考えられます。

　振返りは、こうした地域PBLの活動とともに起こってくる感情や思考を言語化することにより、そこで形成された信頼感をより定着させるという効果があるだろうと考えています。

第 1 章のまとめ

(1) アクティブラーニングには 3 つの課題があります。

(2) その課題を解決するため「深い」学習が有効です。

(3)「深い」学習のためにエンゲストロームの探求的学習の枠組みを採用しました。

(4) 探求的学習を実現するために「問いを立てる」ことと「信頼関係を創る」ことに着目しました。

(5) 問いを立てるために「デザイン思考」を、信頼関係をつくるために「リーダーシップトレーニング」の方法論を利用しました。

第2章

つながりづくり（リーダーシップ）

　本章では「信頼関係を創る」こと（つながりづくり）に関して解説します。つながりづくりはリーダーシップのベースにはありますが、すべてではありません。この章のサブタイトルをリーダーシップとしているのは、筆者らが運営している地域 PBL で、つながりづくりのために、立教大学で実施しているリーダーシップ・トレーニングの授業（BLP）の要素を取り入れているためです。

2-1　関係（つながり）のレベル

　米国の心理学者で、組織心理学を専門にしたエドガー・シャインは、リーダーシップに関係する人々のつながり（関係）の 4 つのレベルを提案しています（シャイン 2020）。

・レベルマイナス 1：望ましくない関係
　まったく人間味のない、支配と強制の関係。例として、病院や老人ホームにおける、世話係と、精神を病んでいる人や年配の患者、などのケースがあげられます。
・レベル 1：ほどほどの共感を保った関係
　単なる業務上の役割や規則に基づいて監督・管理したり、サービスを提供したりする関係。大半の「ほどほどの距離感を保った」支援関係。例としては、職場の上司や同僚や部下に対する接し方、医師や弁護士など専門家

から支援を受ける際のきわめて個人的な関わりへの対応があげられます。

・レベル2：個人としての全人格を認めあう関係

友人同士や有能なチームに見られるような、個人的で、互いに助けあい、信頼しあう関係。レベル2のつながりには、あらゆる形の友情や近しい関係が含まれます。

・レベル3：親密さと愛着、友情、愛情の関係

感情的に親密で、互いに相手に尽くす関係。このレベルでは、感情がより深く絡んでいます。信頼と率直さの程度はレベル2と同じですが、さらに、必要に応じて積極的に支えあうことと、感情的で愛情を示す行動を、互いに進んで示すのが当然だとされています。

シャインによると、一般に組織で仕事をする際は、レベル3の関係は避けるものだとされているということです。理由は、レベル3のような関係は、兄弟・友人に対するような親しさや、縁故主義や、えこひいきにつながるかもしれず、それらは仕事の妨げになる可能性があると考えられているからです。しかし、大学の授業としてPBLを実施する場合は、グループメンバーが友人になることは避ける必要もなく、関係のレベルとしては、レベル2からレベル3をめざすということで良いと思われます。

　第1章で説明した成功循環モデル（図1-4）の、関係の質を上げるということは、シャインがいうレベル2またはレベル3まで関係のレベルをあげるということにつながります。通常の授業でグループを組む場合、レベルマイナス1もまれにはあるかもしれませんが、多くはレベル1の関係が多いと考えられ、それをどうやってレベル2やレベル3まで引き上げるかという点が、授業設計をする上での課題になります。

2-2　リーダーシップがつながりづくりにどう関係するのか

　リーダーシップというと、あるチームのトップがチームメンバーをどう動か

すか、ということを連想する方が多いのではないでしょうか。ここで参考にするリーダーシップは、立教大学の BLP のなかで実施している「権限によらないリーダーシップ」と呼ばれるものです。通常、リーダーにはメンバーへの仕事の配分といったさまざまな権限が与えられ、その権限を使いながらチームを運営していきます。こういったリーダーシップは「権限によるリーダーシップ」と呼ばれるものです。ここでいう「権限によらないリーダーシップ」は、チームメンバーのリーダーシップであり、参加者全員が持つ必要があると考えられるリーダーシップです。

　この「権限によらないリーダーシップ」を発揮する要素として BLP では、「目標共有」「率先垂範」「同僚支援」の 3 つがあることを第 1 章ですでに説明しました。この 3 つの要素を PBL に当てはめてみます。PBL ではグループで 1 つの課題解決のために活動することが多いと考えられますが、その際、グループメンバーに「今、何をやろうとして活動しているのか」を常に思い起こしてもらうよう働きかけることが「目標共有」です。次の「率先垂範」は、たとえばグループワークのなかで意見を出しあう際、まず口火を切って発言するといったことを行うことに相当します。最後の「同僚支援」は、たとえば、なかなか発言ができないメンバーに対して「〜さんは、どう思う？」と聞いたりすることを指しています。

　メンバーが、こういったことに気を付けてグループワークを進めていくと、お互いに助けられて活動がスムーズに進むことが予想されます。アフリカのことわざに「早く行きたいなら 1 人で行け、遠くに行きたいなら皆で行け」というものがありますが、まさにメンバーが助けあうことにより、1 人で到達できないところまでいけるとしたら、PBL の醍醐味といえるのではないでしょうか。そして、そこに大きく関係しているのが、メンバー間の関係がどのレベルで形成されているか、という点です。「権限によらないリーダーシップ」の 3 要素をメンバーが実践することにより、レベル 2 やレベル 3 に近づいていくのではないかと考えられます。

　最近、会社組織におけるチームの創造性を高めるキーワードとして心理的安全性（後述）ということがよくいわれています。これは Google が自社のチーム

で創造性が高かったチームの要因は何かを調べたアリストテレス・プロジェクトの結果、以下の5つの要素が重要だったと結論したことから来ています（Google re:Work）（図2-1を参照）。

  （1）心理的安全性
    不安や恥ずかしさを感じることなくリスクある行動を取ることができるか
  （2）相互信頼
    互いに信頼して仕事を任せあうことができるか
  （3）構造と明瞭さ
    目標や役割分担、実行計画は明瞭であるか
  （4）仕事の意味
    メンバーが自分に与えられた役割に対して意味を見出すことができるか
  （5）インパクト
    自分の仕事が組織内や社会全体に対して影響力を持っていると感じられるか

この調査で一番重要と位置づけられたのが心理的安全性です。これは、仲良しグループという意味ではなく、どんな発言をしても自分はこのチームに受け入れられているという信頼感です。これは2番目の相互信頼とも密接に関係する要素です。本章で説明している「つながりづくり」は、Googleがいう心理的安全性や信相互頼に深く関わる概念だと考えられます。付け加えると、アリストテレス・プロジェクトでわかった要素の3、4、5番目は、いずれもチームで仕事をする場合の目標に関わってくることなので、目標を明確にするというリーダーシップの3要素のうちの1つは、チームが上手く機能する条件とも関わってきていると考えることができます。
　これ以降本書では「権限によらないリーダーシップ」を単に「リーダーシップ」と表記することにします。つながりづくりのためにリーダーシップをサポートするしかけとして、地域PBLでは、第1章でも触れましたが、「質問ワーク」「SBIフィードバック」「URシート」の3つを導入しています。以降

図 2-1　成功するチームのための 5 つの要素
（https://bizhint.jp/keyword/101187
（2023 年 3 月 5 日閲覧））

はこの 3 つを説明しながら、それがどうつながりづくりに結びついていくか
を解説します。

2-3　質問ワーク

　質問ワークは、クエーカー教徒の「クリアネス委員会」、アクションラーニ
ングの「質問会議」、コーチングやナラティブ・アプローチの要素を取り入れ
た「智慧の車座」などのエッセンスを参考にして筆者らが創った手法です。質
問ワークは、メンバーのうち 1 人がフォーカスパーソン（FP）として自分が抱

えている課題を提供し、それに対してそれ以外のメンバーがサポートパーソン（SP）として質問を発し、課題の本質を探究していきます。

　課題と聞くと、つい解決策をアドバイスしたくなるのが人情ですが、このワークでは、アドバイスすることは NG です。これはアドバイスをされると、メンバー間の関係性によっては、された側が安心ではいられなくなるためです。多くの場合、SP から質問が発せられ、FP が答えるというパターンで進むことが多いですが、その逆でも問題ありません。そして最後にそれぞれがワークのなかでキャッチした課題の本質を話しますが、その際、さまざまな視点から本質が語られ、最初 FP が思ってもみなかったような課題の本質が見えてくる場合が多いようです。

　質問ワークでは、以上のように、問いをどう立てると課題の本質に迫れるかを体感的に学ぶことができます。それと同時にチームメンバーの信頼関係を築くというところにも貢献します。それは、最初にメンバー各自が抱えている課題を話すということに関連しています。自分の課題を話すということは、ある意味自己開示をすることにつながり、それを聞いている他メンバーは自己開示したメンバーに対して親近感を抱くようになります。そして、ワークの最中には、質問によって課題の本質に迫ることを行いますが、質問はアドバイスに比べると、それをされる側を危険にさらしません。そしてさらに、質問をされることにより自分の課題を探求するという思考が回りだします。この経験により、質問をしてくれたメンバーに対して、自分の協力者という感覚になることが多いようです。

　以上、質問ワークは、「チームメンバー間の信頼関係を高める」という点と、「問いを投げかけることにより課題の本質を探求する」という点で、チームで議論するための基礎をつくるものと考えています。

　質問ワークの概要に関してまとめておくと以下のようになります。

【ねらい】
　チームメンバーの信頼関係の構築と質問によって課題を探求する感覚を掴む。

【参加者】

3 〜 6 人。

【時間】

1 人分の課題に関して 20 分程度。最初に全員が自分の抱えている課題の説明をするのに 1 分×人数。

【準備物】

特になし。

【進め方】

(1) まず 1 人 1 分で、自分が解決したい課題に関して話す（全員が話す）。

(2) 次に、誰（フォーカスパーソン：FP）の課題に関して取り扱うかを決める（1 分）。

(3) FP が、自分の課題に関して再度説明する（1 分）。

(4) サポートパーソン（SP）が質問を行い、それに対して誰かが答えるという形でワークを進める（10 分）。

(5) メンバー全員が質問ワーク中にキャッチした課題の本質に関して手短に述べる。ただし、FP は SP の話を聴いた後で最後に話す（3 分）。

(6) 質問ワークをして何を発見したかを話しあう（5 分）。

(7) 時間があるようなら（2）に戻り、次のメンバーの課題に向きあう。

2-4　SBIフィードバック

地域 PBL は 5 日間の集中講義の形式で開講していますが、メンバー間の信頼関係を創るために、1 日の始めにリーダーシップの 3 要素のなかでどの要素を自分で意識して実行するかを、他のメンバーに宣言してもらっています。そして、その結果どういった影響をメンバーに与えたかを、1 日の最後に SBI フィードバックという形式で他のメンバーに伝えることを行います。

SBI は Situation（状況）、Behavior（行動）、Impact（影響）の頭文字を指します。SBI フィードバックは、どういう状況で、あなたのどういう行動（または言動）

が、私にこういった影響を与えた、ということを自分以外のメンバーすべてに伝えるというフィードバックです。フィードバックに慣れないうちは、ポジティブな影響に関してフィードバックした方が良いとされています。

　SBI フィードバックを行うことにより、自分の何気ない行動や言動がメンバーに影響を与えていたことがわかり、次の機会にリーダーシップの 3 要素を実行する動機づけになります。そして、フィードバックをしてくれたメンバーとの間に信頼関係が生まれ、チーム間のつながりがより強くなるようです。

　地域 PBL では、最初の 2 年間は、リーダーシップの 3 要素の宣言と SBI フィードバックを取り入れていませんでした。その際はうまくいくグループはうまくいったのですが、メンバー間の関係が良くなかったグループは、その関係性が継続して最後までギクシャクしたままでした。ところが、リーダーシップの 3 要素と SBI フィードバックを導入した年からは、メンバー間の関係が最初はギクシャクしていたグループも途中で変化するようになりました。この変化は、外部の教員の目からも確認できましたし、内部の学生の振返りにもそういった記述があったので、確実性は高いと思われます。

2-5　URシート（振返り）

　信頼関係を創る上での工夫の最後は UR（U-Reflection）シート（振返り）です。振返りはアクティブラーニング形式の授業および PBL でよく実施されているものですが、地域 PBL ではコルトハーヘンの ALACT モデル（コルトハーヘン 2012）をベースに U 理論（シャーマー 2010）的な修正を加え、UR シートと称する振返り用の書式を開発しました（図 2-2）。コルトハーヘンの ALACT モデルは教師教育の分野の省察（リフレクション）のためのモデルで、U 理論はビジネス分野においてイノベーションを起こすための思考法に関する理論ですが、詳細は第 6 章で説明しますので、そちらを参照してください。

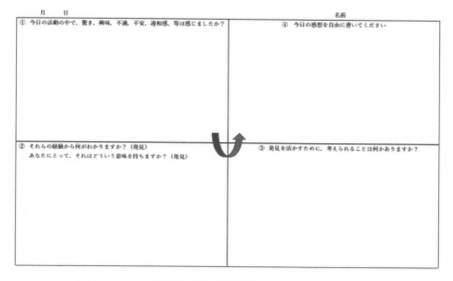

図 2-2　UR（振返り）シート

　URシートでは、学生は以下に示す4つの質問に答えることにより振返りを行います。

(1) 今日の活動のなかで、驚き、興味、不満、不安、違和感、等は感じましたか？
(2) それらの経験から何がわかりますか？（発見）
　　あなたにとって、それはどういう意味を持ちますか？（発見）
(3) 発見を活かすために、考えられることは何かありますか？
(4) 今日の感想を自由に書いてください。

これらの質問は、地域PBLの1つの柱である「問いを立てる」ことを促すものになっています。そしてURシートへの記入は、SBIフィードバックをした

後に行っていましたので、同時に、自分のリーダーシップの行動を確認し、メンバー間の信頼関係を言語化（外化）する機会にもなっています。

　最初の質問は、問いを立てるきっかけです。ALACT モデルだと「行為の振返り」であり U 理論だと「新しい目で観る」に相当する部分です。そのことを探求していくと何がわかるかに関して言語化を促しているのが 2 番目の質問です。これは ALACT モデルだと「本質的な諸相への気づき」で、U 理論だと「プレゼンシング」に相当する部分です。振返りでは何が重要かに気が付いた後、それをどう行動に移すかに続きます。それが 3 番目の質問です。ここは ALACT モデルだと「行為の選択肢の拡大」、U 理論だと「結晶化」に相当します。最後（4 番目）の質問は、ここまでの質問で拾い上げられなかった、学生が感じている点を自由に書いてもらう部分です。

　記入された UR シートを見ることにより、個々の学生が活動のどの部分に注意を払い、そこから何を抽出しているかが理解できます。その結果、何をこれからしようと考えるかという点に関しても同じことがいえます。これは、学生の側からすると、活動と知識をどう統合するかに自覚的になることにつながりますし、教員の側からすると、学生が活動のなかでどういう点に注意を払い、それを一般化できているかということがわかり、形成的評価および総括的評価につなげることが可能になります。

第 2 章のまとめ

(1) 関係のレベルには以下の 4 つがあります。

　　レベルマイナス 1：望ましくない関係

　　レベル 1：ほどほどの共感を保った関係

　　レベル 2：他人としての全人格を認めあう関係

　　レベル 3：親密さと愛着、友情、愛情の関係

(2) 信頼関係を創ることはレベル 2 か 3 をめざすことです。

(3) 権限のないリーダーシップを発揮することが信頼関係を創ることにつながります。

(4) 権限のないリーダーシップのため「目標共有」「率先垂範」「同僚支援」の
    3つの要素を取り入れた目標設定をしてもらいました。
(5) 信頼関係を創るためにはグループ内の心理的安全性が重要です。
(6) 心理的安全性を高めるためのしかけとして、質問ワーク、SBIフィード
    バック、URシートを実施しました。

第3章

問いの育み（デザイン思考）

　第3章および第4章では、地域 PBL を大学教育で実践するための具体的な手順や方法について解説します。本章では、地域社会の問題を定義し、解決するための方法論である「デザイン思考」について解説します。ただし、デザイン思考についてはすでにビジネス書を中心としてたくさんの書籍が出版されていますので、ここでは本書のような教育実践に関係する部分に焦点を当て、そのエッセンスを紹介します。

3-1　デザイン思考とは

3-1-1　デザイン思考の由来

　デザイン思考（design thinking）は、一般に 2000 年代に登場したスタンフォード大学 d.school やコンサルティングファーム IDEO が提唱する思考法を指します。日本では、2010 年代にイノベーションの発想をもたらすものとして注目を集めました。なお、日本では、奥出直人がデザイン思考にいち早く注目し、その方法を紹介しています（奥出 2007）。また日本におけるデザイン思考の導入については北川・渡辺・比嘉（2020）、IDEO や d.school 以外のデザイン思考についての系譜は森永（2021）にまとめられています。

　このデザイン思考は、優秀なデザイナーや経営者、あるいは研究者の思考法に由来すると説明されます。そしてそれが、従来の思考法と異なるものとして

強調するのは「人間中心的アプローチ」であるといわれます。従来の思考法が、技術（何ができるか）や市場（何が売れそうか）という観点からモノやサービスを作ろうとしていたのに対し、デザイン思考は人間（ユーザー／生活者）が何を求めているか、その潜在的な「ニーズ」を把握し、そこからモノやサービスを発想する人間中心的アプローチを採ります。この両者は、従来の思考法が「モノづくり」であるのに対し、デザイン思考は「コトづくり」と表現されることもあります（井登 2022）。

3-1-2　なぜデザイン思考が地域 PBL に有効なのか

　デザイン思考をディープ・アクティブラーニング（DAL）に取り入れる理由については第 1 章で説明していますが、ここでは地域 PBL が求められる背景やなぜデザイン思考が地域 PBL に有効なのかについて前提を整理しておきたいと思います。

　学習者および教授者がともに地域に関わりながら学ぶ教育は、「地域志向教育」（英語圏では Community Based Learning）と呼ばれます。地域志向教育は、日本の高等教育では 2000 年代からいくつかの大学で展開が試みられ、2010 年代の政策的スローガンであった「地方創生」との関わりのなかで、地方大学を中心に、そこで「地域課題の解決」を掲げた授業が幅広く展開されるようになりました（早川 2017）。

　しかし、「地域課題の解決」と一口に言っても、それを達成するのは非常に困難です。現代的な難しさには、大きく 3 つが挙げられるでしょう。第 1 に、「いいモノを作れば売れる」わけではないことです。機能や価格の面だけでなく、＋αの価値をいかに定義し表現するかが問われています。第 2 に、国の計画どおりに従っていれば発展するわけではないことです。戦後からしばらくの間、地域の発展については国が「計画」を立て、それを粛々と実行すればいいとされてきました。しかし 2000 年代に入ると、地域は「自立」と「競争」によって独自色を出すことが求められるようになりました。地域課題を解決するには、地域の文脈をよく知り、そこにあるコミュニティや具体的な関係者を想定しながら企画を構想することが求められます。それに関連して第 3 に、

「成功事例」を真似ればうまくいくわけではないことです。「○○という方法でうまくいった地域があるらしいからウチでも」や「△△という事業は補助金がもらえるから」のような横並びの発想ではなく、現場の視点から解決策を構想することが求められています。

このことは、自治体や公的機関の関係者だけが考えればいいわけではありません。地域 PBL を通じて未来の担い手である大学生・高校生に従来の思考法とは異なるデザイン思考に基づく方法を伝えることは、地域に特性に根差した教育を考える上でも重要です。そして地域 PBL は、その特性上、教室内で完結できません。それは第 1 章で述べたエンゲストロームの拡張的学習のように、教室外（つまり地域）のさまざまな道具（モノ）やルール（制度）や共同体（他者との関係）などと関わることになり、与えられた枠組みを離れて学ぶ「深い関与」が必要となります。

3-2　デザイン思考の5つのフェーズ

それでは、デザイン思考とは実際にどのように進めるものなのでしょうか。一般的に、デザイン思考には、〈共感〉〈問題定義〉〈アイディア化〉〈プロトタイピング〉〈テスト〉の5つのフェーズがあり、教育やワークショップ等においてもこのフェーズに沿って思考法を体験します（図3-1）。授業のなかでは、解説とワークの時間が交互に訪れます。解説では、ワークのために必要な前提の確認や、ワークに用いるツールキット（考え方や作業手順）を説明します。ここでは、それぞれのフェーズの概要とツールキットについて解説し、次章で具体的な教育実践の進め方を説明します。

3-2-1　〈共感〉

共感（empathize）は、相手の立場に身を置くことを意味します。ここでいう「相手」とは、「ユーザー」や「生活者」を指します。したがって、人間中心的アプローチを掲げるデザイン思考は、何よりもまずこの共感の姿勢を大切にす

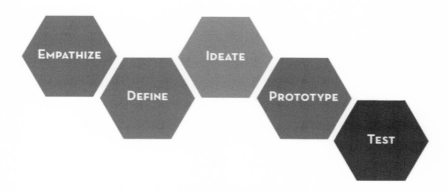

図 3-1　デザイン思考の 5 つのフェーズ
(https://www.consultantsmind.com/2019/03/31/design-thinking/
(2023 年 2 月 3 日参照))

る必要があります。

　共感に似た用語として、「同感」(sympathy) があります。同感の辞書的意味は「相手と同じように感じること。その意見や考えに賛成であること」です。つまり、そこには聞き手（＝私）の主観が入り込んでいますが、デザイン思考における〈共感〉は、聞き手の主観を入れることではなく、相手（ユーザー・生活者）の立場になって、その感情に近づいて理解しようとするふるまいを意味します。そのための方法として、フィールドワークに基づく現場観察やインタビューが挙げられます。

〈共感〉のためのツールキット
「問題提起」と「問題定義」

　「問題提起」と「問題定義」はデザイン思考を組み込んだ地域 PBL でもっとも重要な項目の 1 つです。

　「問題提起」とは、噛み砕いていえば、「この地域には〇〇という問題があ

るからそれについて考えてほしいな！」というものです。地域PBLでは、「問題提起」をその地域の当事者にしてもらうことを想定しています（第4章を参照）。

それに対して、「問題定義」は、「これが真の問題だ！　を言語化し、具体的で意味のある挑戦を選び出すこと」です。すなわち、当事者からの問題提起について自分たちなりに考え、その問題を問いの形式にして共有することを意味します。先方のいうことをそのまま受け取るのではなく、そこにはどのような文脈があるのかについて具体的な体験を通じて思いを巡らせることが、〈共感〉のフェーズにおける大切な点であり、DALの「問いを立てる」に相当します。

フィールドワーク

フィールドワークとは、元々は文化人類学や社会学における調査法を意味しますが、昨今、教育やビジネスの業界において使われる場合の定義は非常にあいまいになっています。とりわけ、地域志向教育におけるフィールドワークは、泊まり込みで実施する実習から数十分程度の工場見学まで意味するマジックワードと化しています（早川2018）。

簡単に整理すると、フィールドワークは自然科学系と人文社会科学系に区分されます。自然科学系は地質調査などが代表例です。後者はさらに関与型と非関与型に分類できます。前者は、対象に関わりながら実施する参与観察やまとまっていない一次資料の収集などを指し、後者は関係を持たない現場見学やワンショットサーヴェイ（1回限りの短時間調査）などに分類されます（佐藤2002: 117-120）。

地域PBLでは、設定する枠組みにもよりますが、おそらく関与型を中心に非関与型も組み合わせて進めていくことになるでしょう。また「調査」と括られるものではないが、その地域で「買い物をする」「イベントに参加する」「公園やアトラクションで遊ぶ」という体験もまた〈共感〉における重要な実践となります。

地域PBLを遂行するうえで、教員や参加者や地域の方々の安全に配慮する

ことはいうまでもありませんが、それ以外の注意すべきことについて3点触れておきます。

　1点目は、調査法としてのフィールドワークを念頭におきつつも、「これをしなさい」「あれはやってはいけない」という先入観を学習者に植えつけないことです。たとえば「地域に観光客を増やしたい」という問題提起を受け取った学生は、ともすれば「観光地」や「名所」ばかりに意識が向いてしまうことがあります。むしろ、それぞれが「観光」と思う前提を取り払って考えることが〈共感〉では重要です。

　2点目は、フィールドワークの時間や場所を限定しすぎないことです。地域でのフィールドワークをみていると、ときおり「観光ツアー」のように時間をきっちり区切って、見る場所を限定することがあります。プログラムの都合やフィールドの制約もあるかもしれませんが、できる限り参加者には時間や場所を限定せずに自由に（かれらの意志で）地域を巡れるように意識を向かせてください。

　3点目は、地域の方々に会ったらあいさつをし、なるべくコミュニケーションをとるようにしましょう。質問するときも相手の状況を伺ったり、写真を撮るときは一言確認したりするように伝えてください。地域にいる方々は分析の対象ではありません。そこで生活している人や訪れる人たちは生身の人間です。フィールドワークとは一種の関わりの仕方なわけですから、それを頭において行動するのが人びとや地域対象への基本的態度です。

学びの主体としての「じぶん」

　地域にいる方々は共に何かを感じ何かを受け取る存在であることを人類学者のティム・インゴルドは人類学の目的として次のように説明します（なお、第1章で紹介したエンゲストロームも、著作のなかでしばしばインゴルドを参照しています）。

　　　私がここで提起する種類の人類学は、違う目的をもっている。それは、他者のやり方を解釈したり説明したりするものではない。つまり、決まった場所に他者を

置いたり、「了解済み」として片づけたりしようとするものではない。むしろそれは、他者のいるところで分かち合うことであり、生きることにおける他者の実験から学ぶことであり、また人間の生がどのようなものでありうるのか、つまりその未来の条件の可能性について私たち自身が想像するものに、この経験を注いで見ることである（インゴルド 2020: 13）。

インゴルドがいうように、私たちはフィールドワークを通じて他者との関係性のなかに身を投じることで、学ぶことが可能となります。KJ法の創始者で文化人類学者の川喜田二郎もまた、真の主体性は絶対的受け身から生まれると説明していますが（川喜田 1993）、本書ではデザイン思考における〈共感〉のフェーズでは確固たる能動的な主体としての自分を一旦解く（ほど）ことによって問いが引き出される、と考えます。この、準主体とでもいうべき一時的で暫定的な学びの主体を、ひらがなで「じぶん」と表現したいと思います。

3-2-2 〈問題定義〉

　問題定義（define）は、〈共感〉のフェーズで集めたさまざまなデータをもとに、その「真の問題」を設定＝定義するフェーズです。

　そもそも地域における「問題」は、実際のところ自明ではありません。たとえば、このようなことがあります。とある地域を訪れて、そこの住民の方に「地域の問題は何か」と尋ねると「高齢化して子どもがいないこと」のように話すことがあります。これはこれで1つの実感ではあるのですが、デザイン思考において「他者の立場に身を置く」とは、相手の話をそのまま鵜呑みにすることではありません。そうではなく、それ以外の質問をしたり、別の立場の人に同じ質問をしてみたりすることにより、その根底にある「ニーズ」を拾い上げるのが問題定義の重要なところです。先に挙げた例でいえば、「若い人がいない」という問題は、実際は子どもが減って運動会などの行事が地域からなくなり「集まる機会が少なくなって寂しい」ということかもしれません。そうであれば、「子どもを増やす」のではなく「集まる機会をつくる」ことが解決策となります。

筆者は職業柄、地域の「問題」に触れる機会が多いのですが、この問題定義が適切になされていないまま解決案ばかりが議論される場面にしばしば遭遇します。〈問題定義〉は、デザイン思考の方法論に限らず、地域課題の解決を目的とする教育実践において欠かすことのできないフェーズです。

〈問題定義〉のためのツールキット

〈問題定義〉は、体験に根ざした〈共感〉から〈アイディア化〉につなげるための重要なフェーズです。この地域 PBL では、主に以下の 3 つを用いてワークを促します。

共感マップ

共感マップは、デザイン思考の創始者トム・ケリーが、フィールドワークの体験を分析に落とし込むために提案した思考の枠組みです（ケリー＆ケリー2014）。そこでは、得た情報や感想を図 3-2 のシートを用いて、SAY、DO、THINK、FEEL の 4 つに分類して、付箋を用いてひとまず整理していきます。

SAY：住民・ユーザーの言っていること	THINK：住民・ユーザーが考えていると想像されること
DO：住民・ユーザーのやっていること	FEEL：住民・ユーザーが感じていると想像されること

図 3-2　フィールドワークを整理するための共感マップ
（ケリー＆ケリー（2014）をもとに筆者作成）

まず左側から見ていきましょう。SAY は「住民・ユーザーの言っていること」を描き出す領域です。インタビューで聞いたこと、フィールドワークの最中に立ち聞きしたことなどを、メモをもとにできる限り洗い出していきます。その際、できれば言ったことのニュアンスもわかるように書くのが望ましいです。同様に、DO は住民ユーザーのやっていることを描き出します。

　一方右側の領域は、地域の住民やユーザーについてフィールドワークをした当人たちが想像したことを書き出す領域です。つまり、「この人のこの発言はこういうことを思っているんじゃないかな」と共感してみるのが THINK とFEEL になります。THINK には、「住民・ユーザーが考えている（と想像されること）」を書きます。一方、FEEL には「住民・ユーザーが感じている（と想像されること）」を書きます。

　共感マップは、次に説明する NUGI フレームにつなげるために、フィールドワークの情報を整理するための下地です。実際にどのように NUGI に接続するかは次章で説明します。

NUGI フレーム

　NUGI フレームは、地域 PBL においてフィールドワークから問題定義を導出するために考案した問いの枠組みです。この方法では、N（Needs; ニーズ）、U（User; ユーザー）、G（Gap; ギャップ）、I（Insight; インサイト）の 4 つの要素で問題定義を考えます（図 3-3）。

　N（ニーズ）は、住民やユーザーが問題に対して抱いている「必要なもの」について考えるところです。具体的には、「その人がしたかったことは？」「発言・態度の裏にある想いは？」「（その人は）本当は何が欲しい？」などの観点から考えます。経営学などではしばしば「顕在ニーズ」と「潜在ニーズ」とも表現されますが、ここでいう「ニーズ」は後者に近いイメージです。ただ、ここでそうした区分をしないのは、「ニーズ」が住民やユーザーによって実際に語られたことを書いても、あるいは観察を通じて想像したことを書くでもどちらでも良いためです。

　U（ユーザー）は、その問題や地域に関わる人びとを書き出す要素です。実

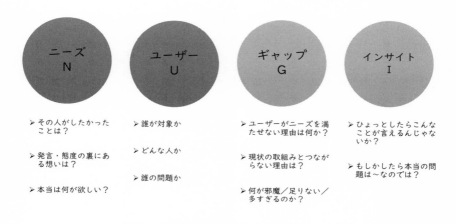

図 3-3　問題定義の四要素：NUGI フレーム

際にフィールドワークで出合った人（の属性）を書いてもいいですし、あるいは、書き出したニーズをもっている人を想像して書いても構いません。大切なことは具体的に想像することです。「若者」「高齢者」「女性」「動物好き」などのように、目の粗いカテゴリを用いるのではなく、「週末は猫カフェに通う賃貸アパート暮らしの 20 代後半の女性」のように考えるように促します。

　G（ギャップ）は、ユーザーとニーズのあいだに横たわるズレについて想像する要素です。「ユーザーがニーズを満たせない理由は何か」「現状の取組みとつながらない理由は」「何が邪魔なのか or 足りないのか」などの観点から考えると良いでしょう。

　I（インサイト）は、デザイン思考のなかでも日本語に変換するのが難しい要素ですが、あえていえば「洞察」や「着想」に該当します。ニーズとユーザーからギャップを想像し、さらにそのギャップが生じるのはどうしてなのか（何が理由なのか）を考えます。次章のワークでも触れますが、ここではある程度の「論理の跳躍」、すなわち、帰納的・演繹的というよりはアブダクション（推論）的な思考によって考えることが大切となります。

問題定義文

　NUGI フレームをもとにインサイトまで考えたら、それを問題定義文として
いったん言語化します。問題定義文は、「ニーズ起点」と「ユーザー起点」の
2つの形式があります。

【形式 A：ニーズ基点】
○○○したい▲▲▲というユーザーが×××できないのは、◎◎◎という問題
があるんじゃないか？

【形式 B：ユーザー基点】
▲▲▲というユーザーは×××できないという問題を感じているので、○○○
というニーズを持っているんじゃないか？

　例を見てもらうとわかるように、問題定義文は NUGI をひとつなぎの文章に
するだけです。とはいえ、やってみるとわかりますが、ワークで考えてきたこ
とを問題定義文にしようとすると、あまりしっくりこない文章になります。で
すが、ここで無理矢理「こなれた」文章にしてしまう必要はありません。問題
定義文は一度作って完成というわけではなく、今後もデザイン思考のプロセス
を通じて改変してよい、むしろ改変していくべきものであるといった暫定的な
ものとして受けとめてください。

3-2-3 〈アイディア化〉

　このフェーズは、文字通り「アイディアを出す」ことです。〈問題定義〉で
抽出した「真の問題」を解決するためのアイディアをたくさん出します。
　このフェーズで重要となるのは、「質より量」です。個々のアイディアの当
否はさて置いて、多量のアイディアを参加者が捻り出すこと、そして参加者ど
うしで触発し合ってアイディアをさらに発散させられるかが勘所となります。
そのためのマインドセットとしては、「子どものように考える」です。また、
出したアイディアがチームメンバーに受け留めてもらえる、という心理的安全

性（第2章参照）を構築しておく必要があります。

　さらにアイディア化は、いちど発散させた後に収束させ、そしてそこからもう一度発散させるというように、発散と収束をくりかえすことも有効です。

〈アイディア化〉のためのツールキット
3つのアンラーニング

　アイディアを発想するために重要なことは、「解決策をきちんと考えなければならない」という思考の足枷を外すこと（unlearning）から始めます。学習者がPBLのなかで陥りがちな思考のバリアとなるのは、たとえば以下の3つが典型的です。

① 社会的に正しいことを発想しなければならない

　解決策を考える際に、前提となっている社会的な正しさ、つまり社会にとって良いことや解決すべきことを考えなければならない、という刷り込みが散見されます。これは地域の課題を解決するという目的を掲げた地域PBLで学生がしばしば陥りがちな態度です。

　「刷り込み」と表現したのは、かれらはメディアの報道などを通じて、たとえば過疎化や少子化・高齢化は無前提で「悪いこと」で「改善すべきこと」と思いがちです。そうした前提に支配されていると、アイディアの発想が「イベントをして人を呼び込む」や「地域の良いところを（SNSなどで）発信する」といったありがちな（そして実効性の薄い）解決策に陥ります。

② 実現可能なことしか発想してはいけない

　文字通りですが、これも根強い思考のバリアの1つです。参加者がこのような態度のままでアイディア化のフェーズに入ると、手持ちのストックされた知識のなかでしか解決策を想像できず、結果として盛り上がりやワクワクに欠けるものになります。

③ 価値のあることを発想しなければならない

　地域 PBL が必然的にまとっている社会的な正しさは、そのまま価値のある
なし（高い・低い）に変換されることがしばしばあります。具体的な参加者の
態度としては、「こんなこと誰かが考えているだろう」や「こんなくだらない
案は言っても意味がないだろう」という言動に表れます。これは、学習者がア
イディア化とは個人で完結するものであり他者を創発する（自分が創発される）
ものではない、という前提に立っているゆえでもあります。

　こうした思考のアンラーニングのためにもっとも簡単な手段は、「アイディ
アの量を多く出す」ことです。発想する数も「グループで 100 個」のように、
「ケタ違い」をノルマにしてワークを開始してもいいかもしれません。正しい
ことではなくても、自分が「面白い」と感じるものでなくても、どこかで見聞
きしたことがあると思っても、とにかく書き出す。言葉にできなければ、絵で
もイメージ図でも構いません。

　またそのために、地域 PBL の運営者はいくつかの発想法を知っておくと便
利でしょう。それは、国内外の地域課題解決の事例を知っておけ、ということ
を意味しません。本書「はじめに」でふれた『コトのデザイン』もそうです
し、そのほかの発想法としては「オズボーン・チェックリスト」や「エクス
カーション」（読書猿 2017）、あるいは「SF」を切り口として発想の枠を拡げよ
うとする SF プロトタイピング（宮本・難波・大澤 2021）や、アート思考的な観
点から未来の技術・人文知をかけ合わせて解決策を考えるスペキュラティブ・
デザイン（長谷川 2020）なども参考となります。

Think-Pair-Share（TPS）

　〈アイディア化〉では、ひとりで考える時間と、みんなで考える時間をそれ
ぞれ設けることを推奨します。TPS は、アクティブラーニングでも用いられ
る基本的な方法の 1 つです。

　Think は、まず 1 人で考える時間です。5 〜 7 分程度の短時間で、考えたこ
とを書き出します。こうすることで、グループワーク時に他のメンバーに遠慮

してしまう学生や、雰囲気に飲まれがちな学生もじっくり発想することが可能となります。

　Pair は、Think で考えたことを2人1組になって共有しあう機会です。肘がぶつかりあうくらいの距離で、という意味で「エルボウ・トーク」ともいいます。自身の意見をいきなりグループで共有するのを躊躇う学生がいるときなど、Pair のステップが有効となります。

　そして Share では、グループ全体でアイディアを共有します。それぞれの案を順繰りに発表していき、そこからさらにアイディアや連想して発散させていきます。

トライ＆エラー

　デザイン思考は単線的に移行するものではなく、行きつ戻りつしながら、螺旋的に進行していく必要があります。各フェーズでは、問題定義文やアイディア案などいったんグループで案を固める必要があります。ただしそれは変えてはいけないものではありません。その後の作業でしっくりこなかったら戻って問題を再定義したり、アイディア案を見直したりすることも大切です。つまり、試行錯誤、あるいはトライ＆エラーの態度を地域 PBL のなかではあえて保持する必要があります。

　「質より量」でも触れましたが、一部の学習者にはこれまでの教育経験で染みついた呪縛めいた信念があります。それは、「正解を答えなければならない」というもので、たとえば「先生、この定義で合っていますか？」のような発言で表出されます。地域 PBL の運営者ないしファシリテーターとして参加者に向きあうときには、学生が導き出した暫定的な解について評価するのではなく質問で介入するか、「それで納得したなら、とりあえず進めてみたらいいと思うよ。違うなと思ったらまた修正すればいいよ」のように伝えてください。

3-2-4　〈プロトタイピング〉

　プロトタイピングは、「試作品をつくる」フェーズです。アイディアを言葉ではなく工作したりイラストにしたりする、デザイン思考の特徴的なプロセス

の1つです。

　プロトタイピングはアイディアの有効性を検証するためだけが目的ではありません。素早くかたちにしてみることで「早めに失敗する」こと、そして「考えるために作ること」が、イノベーションを起こす上で重要だと言われます。その意味で、暫定的であることやトライ＆エラーは〈アイディア化〉から通底する重要な態度です。

　デザイン思考を下敷きにした学習では、さまざまな素材を用意して参加者に手を動かして考える時間を確保します。ファシリテーター（教員）は、デザイン思考に必要だといわれる「クリエイティブ・コンフィデンス」（ケリー＆ケリー 2014）、すなわち「創造的なことをできるんだ」という感覚を発揮できる環境を整える必要があります。以下は、そのためのいくつかのツールキットです。

〈プロトタイピング〉のためのツールキット
ブリコラージュ

　従来の授業では、筆者は「考えてから作る」ことを教えられてきました。下書きをしたり構想をメモしたりして完成品の素描ができてから制作を始める、といった具合です。しかしこのフェーズでは、「考えてから作る」のではなく「作りながら考える」への発想転換が何より重要です。それはすなわち、考える場所を頭ではなく手に移動させる（従来の頭と手の関係性を変える）ことともいえます。

　〈プロトタイピング〉では、折紙、毛糸、粘土、段ボール、ブロック等の材料を用いますが、それらに触れて材料の質感や元の形状を活かしながら考えることで、概念的だったアイディアが具体性を帯びたものへと変換されていきます。フランスの人類学者クロード・レヴィ＝ストロースは、モノが他のモノや周囲の環境との具体的な関係のなかで新たな役割を発見し転用されていく実践をブリコラージュ（bricolage）と表現しました（出口 2018）。〈プロトタイピング〉においても、「私が考える」から離れたブリコラージュが重要となります。

これくらいで十分だ

　上記に関連して、〈プロトタイピング〉では作りこみすぎない、という姿勢もふまえておきましょう。学生のなかには、1つの制作できれいに色を塗ったり、精巧な形を表現したりしようとする人も出てきます。熱中できていること自体はいいのですが、この段階の目的はあくまでアイディアがものになりそうかが判別できるかどうかです。「これくらいで十分だ」という度合を狙って作成をめざしましょう。

　「これくらいで十分だ」は、おおよそ3つの基準で考えます。1つ目は、色、形、手触り、大きさのどれかが表現できていることです。2つ目は、小道具はサイズ感が表現できているか、です。手に持って使うアイディアの場合は、実物大・等身大を再現できるように、裏返せば、小道具はそこが表現できていれば十分といえます。そして3つ目は、大道具はある程度の「見立て」ができているか、です。大道具や環境を表現したアイディアの場合は、実物大の表現が難しいことがあるので、そのアイディアの最も強い特徴を材料の要素を用いて見立てて表現するように意識が向くよう促します。

とにかく数を

　要点の3つ目は、プロトタイプをできる限り多く作ることです。〈プロトタイピング〉の目的は、アイディアを共有可能なかたちにすることですので、1つ作って終わりとするのではなく、どんどん作るように促します。

　ワークの最中にはプロトタイプを1つ作って手を動かすことを止める学生もいます。このことも、ワークに「正解」があると思い込んでいる従来型の教育による思考のバリアなのかもしれません。そのときは、デザイン思考の意義を再確認した上で、ファシリテーターとして「これは何を表現している?」「他にどういうことを考えた?」のように問いかけ、学生が何をやっていいか立ち止まる時間を減らせるように関わっていきましょう。

3-2-5　〈テスト〉

　このフェーズは、〈プロトタイピング〉で制作したアイディアからユーザー

を仮想して検証するもので、「検証テスト」と呼ばれることもあります。

　その手順は大きく3つに分かれます。まずユーザーにプロトタイプを体験してもらうことです。モノであれば実際に装着してもらったり、手に持ってもらったりします。そして次に、そのユーザーの体験を観察します。

　また〈テスト〉の際は、いわゆるプレゼンテーションのような形式ではなく、「スキット」や「ストーリーテリング」と呼ばれる短い即興劇の形式を採用するのも特徴的です（本地域PBLでは、〈テスト〉に加えてストーリーテリングを現地の方への発表会としても設定しています）。

〈テスト〉のためのツールキット
ユーザーにプロトタイプを体験してもらう

　まずテストの際に前提となる心構えは、プロトタイプ（制作物）を想定するユーザーへの共感を高める探査機（センサー）として使う、ということです。つまり、プロトタイプは完成品ではなく、アイディアの良いところ（可能性）や悪いところ（改善点）を把握するためのものであるということです。そのために、プロトタイプを体験してもらうための下準備が必要となります。

　まず制作したプロトタイプをもとに、そのプロトタイプが使用される「世界のシーン」を設定します。「世界のシーン」といっても大袈裟なものではなく、いつ（季節・時間帯）、どこで、ユーザーがどのような状況なのか（何に困っているか、など）といった要素が共有できていればよいでしょう。あるいは、プロトタイプが具体的な形をとらないサービスなどを表現するものであれば、反対に、「そこには何（小道具）があるのか」と考えるとよいかもしれません。そしてその状況を、テスター役の人へ手短に説明し、実際に触ったり動いたりしてもらいます。

肩越しにみる

　ユーザーの体験を観察する際に注意することは、チームのメンバーは案内役として「世界のシーン」を演じますが、けっして誘導はしないということです。〈テスト〉では、操作方法や動き方は尋ねられたときのみ答えることにと

どめ、テスター（ユーザー）がプロトタイプをどう使ったかを観察します。人類学的フィールドワークを確立した立役者のブロニスワフ・マリノフスキーは、現地の人びとのものの見方を理解しようとすることを「肩越しにみる」と表現しました（マリノフスキー 1967）。〈テスト〉においても、この態度が重要となります。テスターの体験を観察することが重要となります。

「肩越しにみる」場合は、とくにユーザーを観察しましょう。なぜなら、どう間違ったかには、こちらが前提にしていなかった改善点や可能性があることが多いためです。想定と異なる使用をされることは「悪いこと」であるという思いこみを取り払い、何が機能し、何が機能しなかったかを丁寧に観察して書き留める必要があります。

観察参与

一通りユーザーの行動が終わったら、〈テスト〉ではユーザーと関わります。具体的には、質問することを通じて、プロトタイプを使って感じたことを確認していきます。ここで用いる質問は、Yes ／ No や一問一答形式で答えられる質問（クローズドクエスチョン）ではなく、「どう思った」や「何が良かった（困った）」のように、ユーザーが自由に答えるオープンクエスチョンの形式を用いるとよいでしょう。

そして質問をするときに胸に留めるべきなのが、「ユーザーはその問題の専門家である」と考えることです。ユーザーが想定と異なる使い方をしたのであれば、「なぜそう使ったのか」と質問し、そのときユーザーに起こっていた体験や感情に接近できるように試みましょう。また、ユーザーの行動が終わった後であれば、「私たちはこう考えて作ったんだけど……」と意図を説明した上で、ユーザーに再演をお願いすることもできます。前述のマリノフスキーが確立したフィールドワークは「参与観察」（participant observation）ともいわれますが、〈テスト〉の結果をもとにアイディアを更新していくこのやり方を、ここでは「参与観察」と区別して「観察参与（Observant participation）」と呼びたいと思います（Moeran 2009）。関与観察は、プロトタイプを通じて参加者と共創するために必要なツールキットとなります。

以上、デザイン思考について教育実践に関係する部分を中心に解説し、そこから実践的なエッセンスをツールキットとして紹介しました。ただし、デザイン思考の実際的なプロセスは、決して単線的に進むものではありません。このことに関連して、堀井秀之は、イノベーションを創発するワークショップや教育における「ちゃぶだい返し」の有用性を指摘しています（堀井 2015）。授業の場合、スケジュールの問題もありますが、こうした「ちゃぶだい返し」も考慮して、ある程度余裕をもった時間組みをした方がよいでしょう。

第3章のまとめ

(1) 地域の問題は自明ではありません。実効的な問いを立てるためにデザイン思考では〈共感〉〈問題定義〉〈アイディア化〉〈プロトタイピング〉〈テスト〉の5つのフェーズで考えます。教員はファシリテーターとして、アイディアやプロトタイプを評価するのではなく、質問することを中心に関わります。

(2) 〈共感〉では主体的な学びを促すために関係性のなかで形成される「じぶん」をつくります。

(3) 〈問題定義〉では、NUGI モデルをもとに問題定義文を作成します。

(4) 〈アイディア化〉ではこれまでの経験で獲得し（てしまっ）た価値観をアンラーニングすることが重要です。

(5) 〈プロトタイピング〉では、手で考えます。それは関係性のなかで考えるブリコラージュの思考法でもあります。

(6) 〈テスト〉では、ユーザーの肩越しにアイディアを検証し、ユーザーとの関わりからアイディアを磨き上げます。

第4章

授業設計と実践

　本章では地域 PBL を大学教育で実践するための具体的な手順や方法について解説します。なおこの記述は、2017 年〜 2020 年に試みた実際の集中授業（2020 年はオンライン、第 7 章を参照）をもとにしながら、筆者が所属校で実施した演習の経験（2020 〜 2021 年度）もふまえています。

　授業のなかでは、解説とワークの時間が交互に訪れます。解説は、ワークのために必要な前提の確認や、ワークに用いるツールキット（第 3 章を参照）を説明します。それぞれの解説やワークに過去の実施経験に基づく想定時間を設けていますので、実際の授業実践の参考にしてください。

4-1　地域PBLの枠組みづくり

　では、地域 PBL を実施するにあたり、教員はどのように授業の枠組みを整えればいいのでしょうか。まずは、演習実施に向けた対象地域の関係者との調整や役割分担、地域 PBL の実際のスケジュールとその意図について説明します。

4-1-1　地域 PBL の準備①：地域からの「問題提起」
　地域 PBL は、その構造上、フィールドとして関わらせてもらう地域の住民の方がたの協力が不可欠となります。そこで重要視しているのが、当事者がリアルに、切実に感じている問題を地域 PBL のテーマにすることです。これを

本地域 PBL では「問題提起」と呼んでいます。

　「問題提起」は、具体的なもの（たとえば「地域の○○という施設の利用者を増やす」）から抽象的なもの（たとえば「地域の高齢化対策」）までさまざまなレベルをとるでしょう。地域 PBL を開始するうえで「問題提起」はどのレベルでも構いません。ですが、地域に住む当人にその問題を語ってもらうことが大切です。経験上ですが、この「問題提起」を授業運営者（教員）や、地域との間を仲介する行政職員が担当すると、うまくいかないように思います。それはきっと、当事者の問題を仲介者が勝手に翻訳してしまうからかもしれません。問題を認識する当事者のことばからほとばしる「熱」のようなものを体感することは、関係性のなかで学ぶために非常に重要な意味をもつのだと筆者は考えます。

　地域の方に問題提起を依頼しているため、この地域 PBL では、地域の方の関心によって毎年テーマ（と関係者）が変わります。たとえば、各年のテーマは以下の表 4-1 のとおりです。

表 4-1　地域 PBL の問題提起例

実施年	問題提起・テーマ	提起者
2014	殿下地域のブランディングをしたい	地域のリーダー D さん
2015	殿下地区のなかで情報がうまく伝わるようにしたい	地域のリーダー D さん
2016	殿下地区でムラ・ロゲイニングをしたい	地域おこし協力隊 T さん
2017	越前海岸地域の魅力を掘り起こしてほしい	地域おこし協力隊 T さん
2018	殿下地区に観光客が泊まれる宿泊施設を作りたい	地域リーダー D さんと、移住者 K さん夫妻
2019	殿下地区に移住者を増やしたい	U ターン者 A さん夫妻
2020	地域にとっての「幸福」とは何か	オンライン実施のためなし
2021	人々が幸せになるような地域の資源利用の仕組みを考えてください	地域のリーダー T さん

4-1-2　地域 PBL の準備②：フィールドワーク先やインタビュイーの選定

　テーマを決めたら、窓口役（問題提起者である場合もあれば、行政担当者の時もある）と相談しながら、フィールドワークの拠点や訪問先、インタビュイー（インタビューする相手）を選定していきます。フィールドワークの拠点は、学生たちがグループワークをするための場所です。図4-1のような公民館や集会所があればとくにこだわる必要はありません（電源や設備の確認は必要です）。訪問先は、テーマに関連した施設や場所はもちろんですが、あまり行き先を限定しすぎないことも重要です。また、遠く離れすぎている場合を除いて、地域は徒歩や自転車などで巡るように設定したほうがいいでしょう。たとえ雨であっても、雨だからわかる地域の様子もあります。学生には動きやすい服装と靴、そして雨具の準備を忘れずに伝えてください。

図 4-1　公民館でのワークの様子
（2015 年、筆者撮影）

そして、訪問先と並んで、インタビュイーも窓口役の方と見繕います。20人（5人×4グループ）の実習だとすれば、グループのメンバーがそれぞれにインタビューに行ける人数の5名くらいが望ましいでしょう。性別や年代、職業、居住歴などが違うといいのですが、絶対条件ではありません。また1人ずつでなく、夫婦や同じ活動グループなどの1組に対してインタビューする形でも問題ありません。地域の方には、「1人だと緊張する」という方もいます（印象としては老年女性に多いです）。国勢調査のような質問紙に基づく調査ではないので、何よりインタビュイーの話しやすさを優先してください。インタビューの形式も、椅子に座って面と向かう必要は必ずしもなく、作業を手伝いながら、地域を歩きながらのようなやり方もアリです。くりかえしますが、フィールドワークは、他者と共に分かち合う学びです（第3章を参照）。

　地域のテーマを確認し、PBLの枠組みを整えていくことが、主な事前作業となります。地域PBLは、地域の方との信頼関係を前提として進めるものですので、このときに「どこまでできるか（どこからはできないか）」などを把握しておくことも大切です。とくに、初めてその地域で実施する場合は「学生・生徒が何でもやってくれる」と思われることもしばしばありますので、期待値の調整もしておいた方がいいかもしれません。

4-1-3　地域PBLの準備③：スケジュール設定

　地域との事前調整が済んだら、それを授業のスケジュールに落とし込んでいきます。スケジュールは、学校と対象地域の物理的距離や開講日時、集中講義か毎週1コマの形式か、など開講形態と関連しますが、本地域PBLでは表4-2のように実施しました。

表 4-2　地域 PBL のスケジュール（集中・週末に合計 5 日間実施の場合）

日程		大まかな内容	備考
1 日目	午前	・授業のオリエンテーション ・事前学習（発想ワーク）	大学で実施
	午後	・質問ワーク ・フィードバック、振返り	
2 日目	午前	・問題提起と質疑応答	地域で実施
	午後	・〈共感〉フィールドワーク or インタビュー ・〈問題定義〉情報の収集・整理 ・フィードバック、振返り	
3 日目	午前	・〈問題定義〉問題定義文の作成	地域で実施
	午後	・〈アイディア化〉解決案の構想 ・〈プロトタイピング〉解決案の試作 ・フィードバック、振返り	
4 日目	午前	・〈テスト〉解決案のテスト	地域または大学で実施
	午後	・ストーリーテリングの準備 ・フィードバック、振返り	
5 日目	午前	・地域の方へのプレゼンテーション	地域で実施
	午後	・全体の振返り ・フィードバック、振返り ・質問紙への回答 ・最終レポート（後日提出）	

※ 各日の最初に目標設定、最後に SBI シート等を用いた振返りをそれぞれ 30 分用意

　本地域 PBL では、5 日間の日程を大きく午前と午後に分け、そのリズムで進行しています。初日の午前は、授業の趣旨や内容についてのオリエンテーションと、2 日目以降にアイディアを考えるための発想法の練習をします。そして午後は、第 2 章で紹介した「質問ワーク」の回です。学生どうしでペアを作ってそれぞれの抱える問題について掘り下げ、問題を定義し、解決策を構

想します。察しのとおり、これは 2 日目以降にデザイン思考に基づいて地域の問題に取り組む前にデザイン思考的なプロセスを一回し経験してもらう、いわば予行演習となっています。

　そして 2 日目と 3 日目は対象地域に赴きます。2 日目はデザイン思考の〈共感〉のフェーズに該当します。午前は当事者による問題提起と、当事者への地域の実情や前提に関する学生からの質疑応答の時間です。昼食を挟んで、午後は、あらかじめ設定している訪問先やフィールドワークやインタビューを実施し、戻ってきてその情報を共有し整理します。3 日目午前は、前日の情報をもとに住民のニーズを想像する〈問題定義〉のフェーズ、そして午後は定義した問題の解決策を考える〈アイディア化〉のフェーズです。さらにそのまま、〈プロトタイピング〉まで一気に進みます。

　4 日目午前は、〈テスト〉になります。ここでアイディアの妥当性を検証し、午前中いっぱいを使ってアイディアを磨き上げます。午後は、その構想を表現するストーリーテリングを考える時間です。そして最終日となる 5 日目午前は、ストーリーテリングの手法で地域の方々にプレゼンテーションします。最後に、全体を丁寧に振り返り、質問紙による評価（第 5 章を参照）を実施して地域 PBL は終了となります。

　なお、集中講義を土日に実施する場合には 1 週間（ないし 2 週間）の間が空きます。その場合（だいたい 2 日目と 3 日目の間か、3 日目と 4 日目の間）は、その間に学生に関心を持続・深化させるために中間課題を出すこともあります。

　学校によっては、集中講義形式ではなく、毎週の授業時間に実施することを検討するところもあるでしょう。その場合、筆者は表 4-3 のようなスケジュールで実施をしました。

表 4-3　地域 PBL のスケジュール（毎週 90 分 1 コマ・合計 15 回の場合）

回	大まかな内容	備考
1	オリエンテーション	
2	問題提起 & 質疑応答	提起者に大学に来てもらう
3	関係性づくり（アイスブレイク）	
4	関係性づくり（質問ワーク）	
5	〈共感〉フィールドワーク①	地域で実施
6	〈問題定義〉情報の収集・整理	
7	〈問題定義〉問題定義文の作成	
8	〈アイディア化〉解決案の構想、発散	
9	〈共感〉フィールドワーク②	地域で実施
10	〈プロトタイピング〉解決案の試作	
11	〈テスト〉解決案のテスト	
12	〈プロトタイピング〉解決案の再試作	
13	ストーリーテリングの準備	
14	ストーリーテリングの発表	
15	全体の振返り	

このように、多くの大学で採用されている 90 分× 15 回でもデザイン思考のプロセスが一回しできましたが、各週の時間割で地域 PBL を進める難しさは大きく 3 点あります。1 点目は、学生が前の作業を忘れてしまうことです。高い意識をもって、事後もコミュニケーションとりながら参加してほしいと期待しても、学生は日々の授業やその他の生活を抱えているためなかなか 1 つの授業に集中できません。2 点目は、地域を体験する時間が短いことです。とりわけ、大学と対象地域が離れている場合は、1 コマ分の授業で得られることは限られます。これについては、できれば終日対象地域にいられる集中講義形式の方が勝ります。3 点目は、関係性に焦点を当てたワークの時間が少なくなることです。とくに、集中講義の場合はその日最後に実施する振返りの時間を通じてチームメンバーへのフィードバックができますが、各週開講の場合は（事後のワークとした場合でも）十分な関係性の醸成が難しいように思われます。この

対策としては、デザイン思考の方法は別科目であらかじめ修得しておくといったような、複数科目の連動が望ましいかもしれません。

　以上、地域 PBL を実施するための枠組みについて説明しました。このスケジュール案をもとに、実施方法は各大学の前提をもとに柔軟に、そしてできれば余裕をもって設定するとよいでしょう。また、地域にいる際は、予定を詰め込みすぎるのではなく、昼食や休憩の時間を長めにとって、地域の散策に誘導したりグループワークの不足を補う時間などに学生が充てたりできるように仕向けることも有効です。
　それでは、集中講義のスケジュールに沿って実際の地域 PBL をデザイン思考のフェーズごとに進め方を確認していきましょう。

4-2　〈共感〉

　地域 PBL では、この〈共感〉のフェーズは、フィールドワーク、すなわち地域の関係者へのインタビューや現場観察（地域の散策）をして写真を撮ったりすることがメインとなります。

4-2-1　解説（想定 20 分）
　まず前章の〈共感〉のツールキットを解説します。「問題提起」と「問題定義」はその後の PBL を貫く重要な概念ですので、十分に説明をしてください。
　つづいて、フィールドワークの説明をします。フィールドワークの時間は、確保できればできるだけあることが望ましいですが、移動時間や相手の都合などでどうしても短時間にならざるを得ないこともあります。また、フィールドワークのような調査方法に初めて触れる学生もいるでしょう。
　ここでは、フィールドワークを実践するために必要な態度について、「勘所」を 4 点に絞って説明します。

現場に足を運ぶ

　「自由にフィールドワークをしてきなさい」というと、「どこから行けばいいかわからない」「何をしたらいいかわからない」と戸惑う学習者もときおりいます。そういうときも、まずは外に出て歩いてみる、地図を見て直観的に気になるところに行ってみるように後押ししましょう。また「足を運ぶ」は比喩ではなく、足を使って歩く（場合によっては自転車に乗る）ことが基本です。そして現場で起きていることに体を向けましょう。歩く、しゃがんで見る、聞き耳を立てる、真似をする、といったいろいろなことを試してください。また、フィールドワークは基本的にグループ活動になるので、それぞれ気づいたモノ・コトを声かけし合うように働きかけましょう（図4-2）。

図4-2　フィールドワーク
（2016 年、筆者撮影）

徹底的に事実を記述する

　フィールドワークではノートを持って、現場で起きている事実を書きとめていきます。そのときに大切な心構えが、事実を記述するために「自分をカッコに入れる」ことです。つまり、「こんなこと当たり前だよなあ」とか「こんなことつまらないだろう」、あるいは「誰も興味ないだろう」という先入観を枠に入れて、目の前にあるもの、起こっていることを書きとめるのです。

　これは簡単なようでとても難しいことです。記述の項目としてよくいわれるのは、SAY（地域の人が話したこと、フィールドワーク中に同行したメンバーがいったこと）や DO（目の前でなされている行動や所作）、PERSON（年代・性別・服装・役職）、THING（置いてあるモノ、起きている出来事）の 4 つです。30 分も話を聞いたり散策したりすれば、A4 ノートの 1 枚くらいはすぐ埋まります。フィールドワークになじみのない学習者には、4 項目を合計 30 個以上などの目安を伝えてもいいかもしれません（ただし、目安を伝えるとそれ以上の探索を止めることもあるので、学習者の状況を見て決めてください）。

「子どもが初めて外国に来た」ように見る：ヴュジャデ

　「徹底的に事実を記述する」ためには、自分が「あたりまえ」だと思うものを捉えられるようになる、いわば「心のレンズの付け替え」をする必要があります。子ども心に返る（あえて子どものようにふるまう）ことは、その付け替えの方法の 1 つです。

　例を出しながら説明しましょう。図 4-3 は、筆者が福井に引っ越して来て初めて、家族で自転車で出かけたときに驚いて撮った写真です。筆者はこの光景を「福井らしい」と強く感じたわけですが、いくつその要素を見つけられるでしょうか。たとえば、道路中央の融雪施設や地元金融機関の看板などはすぐ目に留まります。そのほかにも、曇天（福井は日照量が比較的少ない県）や、歩行者がほとんどいないのに広い歩道なども最初の印象として強くありました。

　このように、見慣れたものをまるで新しいもののようにみることを、先述のケリーとリットマンは、デジャヴュ（既視感）をひっくり返して「ヴュジャデ」と名づけました（ケリー＆リットマン 2006）。「あたりまえ」を客観的に捉

図4-3　「福井らしい」と感じる風景
（2017年5月、筆者撮影）

えるヴュジャデの感覚をもつことはとても難しいですが、その心構えを示して
フィールドに入り込むことに価値があるといえます（板垣・大平 2014）。
　地域 PBL では、その地域になじみのある学習者もそうでない学習者もいる
と思いますが、とくに他地域に住む学生や留学生などには、積極的に違いを
「みる」ように伝えるとよいでしょう。

差異に着目する
　上記の勘所に関係しますが、普段の自分の生活とのささいな違いに目を留
め、意識を向けるように伝えましょう。この地域 PBL ではそれを「差異に着
目する」ように伝え、具体的な心構えとしては**「だいたい同じは禁止」**と伝え
るようにしています。それは〈共感〉フェーズ後のグループワークのときに感
じたことを出力する際にも重要になります。観察だけでなく、インタビューの
ときにも、微妙な言い回しの違いなどに注目することも伝えてください。

以上、〈共感〉のフェーズで大切なことを大切な要素に限定して説明しました（これ以外にも注意を向けてほしい要素はいくらでもあります）。こうした説明はフィールドワークの直前になされることがほとんどでしょう。ですから、あまりにたくさんの情報量やノウハウがあっても学習者は混乱してしまいます。だからこそ、どのようにフィールドに向かうか、という心構えの部分を強調し、失敗を恐れなくていい（むしろ失敗というものはない）、くらいの感覚で伝えてください。また、第2章で言及したように、グループ内での関係性を大切にすることも念頭におきながら PBL を進めてください。

4-2-2　ワーク（想定1〜3時間）

　解説を終えたら、学習者にフィールドワークを促します。インタビュー先への案内などは教員が主導したほうがいいですが、それ以外はなるべく学習者に委ねましょう。

　また昼食を挟む場合は、グループごとに好きな場所で食べてくるように促すこともおすすめです。大切なことは、地域に身を置く時間の体験すべてがフィールドワークであるという感覚です。時間割に基づく教育に慣れた学習者だからこそ、「ここまでが調査の時間」と勝手に区切ってしまうことのない時間の使い方を引き出してください。

4-3　〈定義〉

　このフェーズでは、地域でのフィールドワークで得た情報をもとに、問題提起から具体的で意味のある挑戦を選びとります。「地域課題の解決」を謳う授業は、地域の問題や課題をしばしば自明であるかのように扱い、解決案の構想に比重が置かれがちです。ですが、デザイン思考およびそれを下敷きにした本プログラムでは、この〈定義〉こそが重要であるという立場を採ります。

4-3-1　解説（想定 15 分）

　フィールドワークから戻ったら、〈定義〉のためのツールキット「共感マップ」「NUGI フレーム」「問題定義文」を解説します。ワークの合間に解説するやり方でもかまいませんが、この〈定義〉のフェーズのゴール、すなわち「フィールドワークで得たさまざまなデータを持ち寄り、グループで問題定義文を完成させる」という点は学習者に示しておいてください。

4-3-2　〈定義〉のワーク

　3 つのツールキットを用いて、ワークを進めます。ちなみに、それぞれのワークの時間を参考までに書いていますが、あくまで目安ですので学生の進捗をみながら調整をしてください。ただし、時間を与えすぎることも間延びにつながります。デザイン思考は、**短時間でそれぞれのフェーズを回していくことも特徴の 1 つ**ですから、学生には「時間は短く感じるかもしれないけれど、限られた時間で頭と体とフルに使って考えよう」と伝えておくといいでしょう。

共感マップを作成する（想定 30 分）

　まずは模造紙を広げ、付箋とマーカーを用意して共感マップを作成しましょう（図 4-4）。初めはマップの左側にある SAY と DO から書き出します。はじめに個人で付箋に書き出す時間を設け（5 分）、その後、ラウンド（メンバーが 1 枚ずつ紹介しながら模造紙に貼ること）をしていきます（第 3 章で説明した TPS の方式でも構いません）。

　SAY は上述のとおりニュアンスが大切です。たとえば、「この景色ってきれいだよね」と「この景色ってグッとくるよね」は似ていますが違う言葉遣いです。〈共感〉の要点でもある「差異に着目」しながら作業するよう、学生に説明してください。

　同様に、DO は「住民・ユーザーのやっていること」です。こちらもフィールドワークを通じて見たこと、聞いたことを書き出します。書く内容を選ばせる必要はありません。質より量を学生に意識づけてください（10 分）。

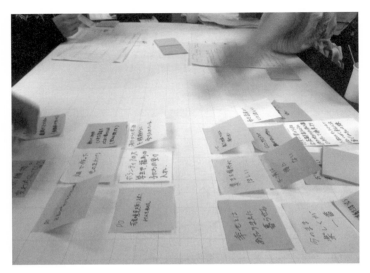

図 4-4　共感マップの作成
（2019 年、筆者撮影）

　続けて、マップの右側（THINK と FEEL）に入ります。THINK と FEEL は似ていますが、分類それ自体が目的ではありませんので、直感的にどちらかと思った方でいいと学生には伝えましょう。また、右側を考えているうちに左側について思い出したら、都度足していっても構いません（7 ～ 10 分）。

　列挙できたらマップ全体を眺めて、全員で意見を出していきます。たとえば、「新鮮な点は？」「意外に思う点は？」「4 つのエリアに矛盾はないか」「予期せぬパターンがないか」などを問いかけながら意見を出しあいましょう。このワークが、次の NUGI フレームへとつながります。

N（ニーズ）と U（ユーザ）を洗いだす（15 分）

　続いて 2 枚目の模造紙を用意し、共感マップをもとにニーズとユーザーについて考えます。それぞれの考え方はモデルの説明のとおりです。ユーザーは、

フィールドワークで会った人だけでなく、「顧客や関係者になりそうな人」を想像して書きだします。

　ニーズとユーザーは順番に考えていくのでも同時に洗いだしていくのでも構いません。このワークも「質より量」です。学習者はともすれば「このニーズは正しいのか」と考えてしまいがちですが、正解を出すことではなく、それぞれが意見を出すなかで触発されて新しい考えを出すのが大切であることを伝えます。教員は、それぞれが「こうじゃないか」「それならこんなこともいえるんじゃないか」と安心して意見が出せる場づくりに注力してください。

G（ギャップ）とI（インサイト）をひねりだす（15分）

　ニーズとユーザーを洗いだしたらギャップ、その後にインサイトを考えます。まずは、ユーザーとニーズを片っぱしからつきあわせて、そこから感じとれるギャップをひねりだしていきましょう（7〜8分）。ここでも「正解かどうか」はワークの重要な基準ではありません。ワークで求められる会話の一例は、「それは違うよね（No.）」ではなく「こういう風にも言えると思うんだけど、どう思う？（Yes, and ...）」です。

　またギャップを考えているときに、新しいニーズやユーザーが浮かんだら、新しく模造紙に貼っても構いません。

　ギャップはニーズとユーザーから導けますが、インサイトは学生にとっても考えるのが難しいようです。出てきたギャップを眺め、「ひょっとしたらこの問題（の原因）はこういうことなんじゃないか」というひらめきでいいことを伝え、ギャップのときと同じようにグループメンバーと触発しあって多くのインサイトを出せるように促してください（7〜8分）。もちろん、インサイトを考えている最中に新しいギャップが浮かんだら新しくそれを書き加えましょう。

　このワークにおける教員（やTA）の役割は、質問による介入のみです。インサイトを「こうじゃないかな」や「そのインサイトいいね」と直接指摘することは望ましくない介入ですので避けましょう。「何について悩んでいる？」「その理由は？」のように学習者自身が発言できるような関わりをしましょう。

問題定義文を作成する（20 ～ 60 分）

　フィールドワークの情報を NUGI フレームで整理したら、問題定義文の作成に入ります（ワークが続く場合はここで一旦休憩をとってもいいです）。問題定義文の A と B のパターンは、グループごとに選んでもらいます。パターンにはめようとすると、きれいな文章にならないことがほとんどですが、大切なことは意味が通っているか、その意味が自分たちにとってしっくりくるか、です。とはいえ、考えすぎるとワークが進まないことがしばしばあります。模造紙に並んだ NUGI をそれぞれ眺めて組みあわせながら、「トライ＆エラー」を学生に促してください。また、時間内に形にすることも重要です。1 回目のワークでは、時間が 20 分であれ 10 分であれ、納得のいくものができる可能性はかなり低いです。学生は「時間がなかった」という感想を抱きがちですが、短時間である程度の形にすることも大切な訓練だと伝えてください。

　その意味で、問題定義文を作成するワークは 10 ～ 15 分程度にして、筆者らの地域 PBL ではいったん不十分な形でもグループごとに暫定案の発表の機会を設けています。そこで無理やり形にして、問いかけによって教員や他の学生からフィードバックを受けとり、さらに問題定義文を再考（リファイン）し、最後にもう一度発表する形式が、デザイン思考の仕方を身につける上で望ましいと考えています。

　冒頭でも述べたとおり、〈定義〉はその後のプロセスに連なる大切なワークです。アイディア化やプロトタイピングのように目に見えるものが少ない分、学生の手応えが感じ取りづらいフェーズではありますが、大切なワークであることをくりかえし伝えながら、行き詰まったら質問で介入しながら進めてください。

4-4 〈アイディア化〉

　問題定義を済ませたら、いよいよ解決策を考える〈アイディア化〉のフェーズに入ります。

　これまで地域 PBL を実施した印象では、学生たちは〈定義〉から〈アイディア化〉はもっとも「モヤモヤした」局面であるように思います。それは、学習者が自身の考えをうまく言葉にできないもどかしさや、「これで合っているのか」に対して教員（ファシリテーター）側が解答を示さない不安などが主な要因かもしれません。ですが、この「モヤモヤ」しながら考える（わからないに耐える）ことも、地域 PBL ではとても大切です。学生の様子を確認しつつ、「それでいいんだよ」と声をかけたり、「何に悩んでいる？」と質問で介入したりしながら、学生を想像＝創造の実践へと導いていきましょう。

4-4-1　解説（想定 15 分）

　〈アイディア化〉を有意義なものにするためのツールキットを簡単に紹介した後、実際のワークの流れに沿って説明します。ここでも、解説は要点の説明にとどめ、やりながらわかっていくという感覚を大切にするよう、学習者に伝えます。

4-4-2　〈アイディア化〉のワーク（想定 60 分）
アイディアを発想する（20 分）

　模造紙、付箋とマーカーを用意してアイディアを書き出します。TPS のステップで、個人で考える時間（Think）を 5 分、それから隣の人とお互いのアイディアを共有する時間（Pair）を 5 分程度設けます。もちろん、このワークの最中に思いついたことや新しい発見があれば新たに追加して構いませんし、参加者でそういうやりとりがあったら「それは新しく書き出すといいよ」と促してください。

　Pair まで進んだら、グループで共有する時間（Share）に入ります（約 10 分）。その際に注意することは、「だいたい同じ」は禁止、ということです（4-2〈共

感〉を参照）。グループで話し合っていると、「それ、こっちでも考えた」とアイディアを「丸めて」しまいがちです。とくに付箋でのアイディアの発想は、言葉の字面をなぞって「だいたい同じ」になる危険性があります。1つのアイディアが発想されたとき、そこには参加者がその案を出すに至ったそれぞれの経緯があるはずです。その経緯を大切にするために、1人ひとりがアイディアについて発言する時間を設けるよう伝えながら場を進行させます。

発散（10分）

　共有が終わったら、拙速にまとめにかからずに、参加者がアイディアを共有する際に話したことに意識を向けながらアイディアをさらに発散させます。同じ言葉で表現してもニュアンスが違っていることに運営者ないしファシリテーターが気づいたら、「それも書いておこうか」と促してください。また、アイディアを話す際に付随する感覚的な表現（例：ワクワク感）や概念（例：意外性）などを追加しても OK です。

　良い話し合いをする際に大切なこととして、ファシリテーションでは「空中戦から地上戦へ」といった表現があります。つまり、発言のみのやりとり（空中戦）に終始するのではなく、話したことを文字に起こす（地上戦）、という意味です。話し合いの最中に出たささいな意見を書き留めることは、学生によっては難しいかもしれません。ですので、ここでファシリテーターの存在が重要になります。その際、なるべく「〜しなさい」のような仕方ではなく、たとえば「だいたい同じ」という発言があったときなどに「具体的にはどんなことを考えた？」のように問いかけで介入し、その応答を待って書き留めることを促すと良いでしょう。

収束（10分）

　つづいて、出たアイディアをいったん収束させるために、意味の近さに基づいてアイディアをいくつかの群に分けます。これはカテゴリ化と呼ばれる作業で、グルーピングや親和図法、あるいは KJ 法とも呼ばれます（ただし、こうしたカテゴリ化の作業だけを指して KJ 法と呼ぶのは誤解であることは、KJ 法の創始者で

ある川喜田二郎も批判しています（川喜田 1993））。なお KJ 法は、実際にデザイン思考に影響を与えているともいわれていますが（佐宗 2015）、より創造性が働くようにするために一工夫加えましょう。それは、感覚（形容詞）や感性（擬音語）や動詞、などで分けることです。

　通常、カテゴリ化をしようとすると、「食べ物」や「イベント」のように名詞的な分類をしがちです。名詞的なカテゴリ化のすべてが悪いわけではありませんが、経験的にはこの次のワークとなる再発散をする際に名詞だと発想が広がりづらいように感じます。カテゴリ化の目的は、アイディアの整理ではなく、参加者がより創発的にアイディアを発想できるようにするためです。だからこそ、感覚（例：美しい、ヘルシー）や感性（例：キラキラ、ぼんやり）や動詞（例：汗をかく、探究する）に分けてみてください。

再発散（10 分）

　カテゴリ化されたアイディアを眺めながら、そこから再度発散を試みます。デザイン思考は螺旋的なプロセスだと説明したように、発散と収束は一度で終わらせずに、行ったり来たりをくりかえしたほうがより柔軟なアイディアが発想されやすくなります。

　また、再発散の時間を設けることは、「さっきは言い出せずにいた」意見を拾う機会にもなります。全体のワーク時間の調整は運営者として難しいですが、ワーク当初の TPS において参加者が時間不足を感じているようにみえても、再発散の時間を組み込んでおく方が経験上望ましいです。

　さらに、この段階でどのアイディアもピンと来ず、行き詰まっているようなら、今出ているアイディアをいったんご破算にして（ちゃぶ台返し）考え直しても構いません。ただしその際、書き出したものを消す必要はありません。行き詰まっているときは、問題定義文に戻って見直すことも重要です。こうした試行錯誤のためにも、再発散の時間をワーク内に設定しておきましょう。

アイディアを選ぶ（10 分）

　アイディアが出されきったら、グループで取り組む解決策を絞ります。ここ

図 4-5　アイディアを選ぶ
（2017 年、筆者撮影）

ではアイディアを選ぶ方法として 2 つの仕方を紹介します。

A：3 つの観点で投票

並んだアイディアをうまくいきそうなもの（実現性）、ユーザーがワクワクするもの（有用性）、新しいもの・斬新なもの（革新性）の 3 つの観点から投票します。実際のワークでは、青、赤、緑など 3 色のシールを用意し、1 人あたりそれぞれの色を 3 つずつ配布して（合計 9 票）、それを投票してもらいます。この時点の判断基準は直感で構いません。

B：多様決

多様決は、システムアーティストの安斎利洋が考案したといわれる、「賛成（イイネ）」と「反対（モヤモヤ）」それぞれの表の掛け算で評価する意思決定の

方法です。たとえば、「イイネ8票、モヤモヤ0票」は0点で、「イイネ5票、モヤモヤ5票」は25点という算出方法になります。

　多様決をアイディア選びに用いる利点は、それがその後の議論を喚起する点にあるといわれます。たとえば、ワークショップデザイナーの安斎勇樹は、「多数決には「アイディアの精度がそこまで良くないうちに合意形成されてしまいうる」というリスクがあるが、多様決では「モヤモヤ入れたのは、どうして？」という問いから、一緒にアイディアをブラッシュアップすることができるような議論になる」と説明します（ミナベトモミ「プロジェクトにおける合意形成のコツ｜ idearium cast #82」https://idearium.don-guri.com/tips-of-consensus-building/（2023年3月6日参照））。

　AとB、いずれの方法にしても機械的に案を決定するのではなく、それを通じて、グループのなかで何が大切な要素か、どのようなアイディアを考えることがワクワクするか、を確認するかが重要です。

　以上、〈アイディア化〉のワークの流れを紹介しました。アイディアの発想は、参加者の知識（対象地域の理解度や専門分野など）や技術（発想法のスキルなど）に左右されますが、それらが十分でなくてもツールキットで紹介したような話し合いに向かう態度を刺激することでより良いものになりえます。そのために、運営者自身も大上段に構えずに、参加者と共に楽しんで参加しましょう。

4-5　〈プロトタイピング〉

　〈定義〉や〈アイディア化〉はモヤモヤすることの多いフェーズでしたが、ここでは学習者のイキイキとした発想がかたちになる部分でもあります（一方でその仕方に適応できない学生もいます）。以下では、〈プロトタイピング〉を有意義なものにするための思考ツールキットを簡単に紹介した後、実際のワークの流れに沿って説明します。

4-5-1　解説（想定 15 分）

　〈プロトタイピング〉のためのツールキットの説明を行います。とくに「手で考える」ことに意識が向くように解説します。

4-5-2　〈プロトタイピング〉のワーク（想定 60 分）

　それでは実際のワークの流れを説明します。それぞれのワークの時間を参考までに書いていますが、あくまで目安ですので学生の進捗をうかがいながら調整をしてください。

図 4-6　プロトタイピングで用いる素材
（2018 年、筆者撮影）

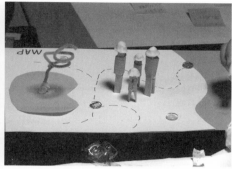

図4-7　実際のプロトタイプ
（2018年、筆者撮影）

個人で作る（10 〜 15分）

　まずは材料をもとに1人で制作します。図4-6のように材料置き場を会場の中央や前方に配置し、学生たちはそれぞれ必要だと思う素材を使ってプロトタイプを制作します。この段階では、与えられた時間内に「完成」することはまずありません。経験上、多くの学生が「時間が足りない」と感じていますが、大切なのはプロセスを短い時間で何度も回すことですので、時間を延長する場合に1回のみ、合計15分以内に留めるくらいが目安です。

作ったものを解説 & フィードバック（10分）

　つづいて、作ったもの（図4-7）をチーム内で共有するために解説の時間を設けます。この制作物をじぶんの言葉で表現することはとても大切です。その際、ファシリテーターの介入も重要ですが、メンバーどうしで、「なぜその色にしたのか」「大きさはイメージ通りか」「触り心地で表現できたこと（できなかったこと）は？」のようにツールキットのポイントを確認するような質問を促しましょう。

再度作りこむ（作戦 5 分＋制作 10 分）

　他のメンバーへの解説とフィードバックが終わったら、再度作りこみの時間を設けます。まず、チームでフィードバックをもとにチームで「何を作るか」を検討する作戦会議を行います。これは、最初に「個人で作る」ことから、よりチームとしての方向性を明確にするためです。そして、再度制作に入ります。

ファシリテーターへの説明、フィードバック、再作成（20 分）

　2 度目の制作時間が終わったら、ファシリテーターに自分たちのプロトタイプを説明します。ファシリテーターはアイディアの「良し・悪し」を評価するのではなく、質問による介入を図りましょう。できれば、ここでのフィードバックをもとにもう一度プロトタイピングのサイクルを回せるように進行することが望ましいです。

　プロトタイピングは、早く失敗して（fail fast）、そして次の実現可能そうなアイディアを見つけて共有していくための方法です。そうすることで、〈アイディア化〉では上位にのぼらなかったものに再度注目することもあります。

　〈アイディア化〉と〈プロトタイピング〉は便宜上分けられていますが、実際のところそれは行きつ戻りつして影響し合うフェーズです。授業のとりまとめや教員（ファシリテーター）は、そのあたりを柔軟に進めていけるとよいでしょう。

4-6　テスト

　〈テスト〉は制作したプロトタイプを用いて、アイディアを検証するフェーズです。チームのメンバーだけでなく、ファシリテーターのような第三者に「テスター」となってもらい、アイディアの良い点や改善点、実現可能性を高める方策などを探ります。

4-6-1　解説（想定 15 分）

　第 3 章の〈テスト〉のツールキットをご確認ください。

4-6-2　〈テスト〉のワーク（想定 60 〜 90 分）
役割を設定する（説明 10 分、役割決め 5 分）

　上記のツールキットを説明したら、まずはチームのなかで役割を決めます。役割は以下の 4 つに分けられます。

- ・ユーザー／テスター（1 〜 2 名）：ファシリテーター（教員・TA・SA）や他の見学者
- ・ホスト（1 名）：状況を説明し、手順を案内する役
- ・プレイヤー（2 〜 3 名）：シナリオに沿って演じる人
- ・観察者（2 〜 3 名）：ユーザーを観察する人

チームの人数にもよりますが、メモをとる人（ノートテイカー）とインタビューする人（インタビュアー）に分かれられるように、観察者は 2 名以上いたほうが望ましいです。

テストの実施の手順（20 分）

　つづいて、実際にテストを実施します（図 4-8a、4-8b）。テストは①経験してもらう、②積極的に観察する、③体験を聞く、④質問を重ねる、の 4 つの手順で進めます。

　「経験してもらう」は、ホストが冒頭に最低限の説明だけ行い、その後はプレイヤーとやりとりしながらユーザーにプロトタイプを使ってもらいます。そして観察者（ノートテイカー）は、ユーザーの行動を積極的に観察します。後から振り返れるように、ささいなことでもメモをとりながら観察するよう促しましょう。

　ユーザーの体験が終わったら、その体験について質問します。まずはプロトタイプの使用感について「どう感じましたか？」と観察者（インタビュアー）を

中心に質問します。さらにそこから質問していきます。その行動を取った理由や、そこで感じたことに「なぜそのように思いましたか？」のようにユーザーの考えを掘り下げていきましょう。また、観察者だけでなく、プレイヤーもユーザーと接していて気づいた疑問点について質問しましょう。ユーザーの体験は気づきの宝庫です。感じたことを総動員して、ユーザーに質問を重ねましょう。これら一連の時間は、15分から20分程度で短く区切ります。

図 4-8a　テストの様子①
（2016年、筆者撮影）

図 4-8b　テストの様子②
（2021年、筆者撮影）

フィードバック（確認 10 分＋作戦会議 10 分）

　1回目のテストを終えたら、チーム内でフィードバックを実施します。フィードバック時にも議論を「空中戦」にしてしまわないように、模造紙（またはA3用紙）等を用意して、良い点（＋）、改善点（△）、疑問点（？）、アイディア（💡）の4つの観点から出していきます。

　このとき、「真面目」なチームほど改善点ばかりに目がいくことがありますが、もしそういう傾向が見られたら、ファシリテーターは他の観点にも意識を向けるよう促してください。

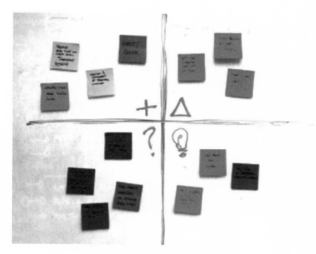

図 4-9　テストを振返る
(https://www.consultantsmind.com/2019/03/31/design-
thinking/（2023 年 2 月 3 日参照））

　この確認が済んだら、2 回目のテストに向けてチームで作戦会議を実施します。そのアイディアが使えるかどうかをまず判断し、Yes ならユーザー体験を向上させるためにプロトタイプの修正案を考えます。もしアイディアが No の場合は、実施されたテストが適切かどうかを確認します。それが適切ならばアイディアを再検討し、テスト方法が適切でなかったら、テストの方法（シーンやプレイヤーの設定）を見直します。

再作成 & 再テスト（20 〜 30 分）

　作戦会議が整ったら、具体的制作を実施します。ここのワークは短時間で慌ただしくなりますが、「今何について考える必要があるか」を明確にするとより焦点を絞ったワークがしやすくなります。時間を区切って、集中して取り組めるように促しましょう。

　それが終わったら、再テストを実施し、さらに 1 回目と同様にフィードバック

の時間を設けます。もし時間があれば、3回目のテストを実施しても構いません。

　〈テスト〉は、アイディアを考えっぱなしで終わらせずに実現に向けていくために不可欠なプロセスです。くりかえしになりますが、そのためには完成品である必要はなく、未完成で半端な「プロトタイプ」を用いながら、チームのメンバーだけでなくユーザーと共にアイディアを創っていく、という構えが重要です。

4-7　ストーリーテリング

　ストーリーテリングは、テストで検討した改善点などをもとに「1つのお話」として表現するプレゼンテーションの方法です。ストーリーテリングは、デザイン思考において明示されているものではありませんが、たとえばパワーポイントの発表では削ぎ落とされがちな感情や心情といった側面を表現するのに適しています。さらに、パワーポイントの箇条書きではしばしば論理が飛んでも繕うことができますが、ストーリーテリングでは感情が飛躍すると不自然になるので、その点でも「流れ」が大切になります。

　本地域PBLでは、ストーリーテリングを「2分」としています。2分は短く感じますが、2分間のCMと考えるとそれなりの量であることが伝わるかと思います。地域PBLにおいてしばしば求められる地域の方々や関係者へのプレゼンテーションにおいても、ストーリーテリングは短時間で企画の意図を伝えることにも向いています。

4-7-1　ストーリーテリングのツールキット

　本地域PBLでは、以下の4つの項目をもとに、学習者のストーリーテリングのワークをファシリテートしていきます。

プロット

　プロットは物語の重要項目を示した大まかな流れ、言い換えれば「あらすじ」です。〈プロトタイピング〉や〈テスト〉で企画した内容をもとに、それをストーリーに変換します。ただし、プロットといってもなじみのない学習者もいるため、プログラムでは、大きく3つの定番のプロットを示しています。

① 起承転結

　元々は漢詩の構成法ですが、作文の指導などにも用いられる定番のプロットです。アイディアを、ことの起こり（起）、それを受けての展開（承）、状況や場面の転回（転）、最後のまとまり（結）の順で構成します。

　起承転結は馴染みがある分、とっつきやすいですが、アイディアを表現する際にはうまくはまらないこともしばしばあります。

② 行動・葛藤・解決策

　「行動・葛藤・解決策」は、起承転結に比べて、登場する人物により焦点を当てたプロットです。このプロットでは、

- ・行動：登場人物は何をして何を得ようとしているのか
- ・葛藤：登場人物の大事にしたいことと、それを阻害している問題は何か
- ・解決策：どのようなモノ・コトが登場人物の葛藤を解消しその行動を変化させたのか

という3段階の構成でストーリーを作成します。葛藤がNUGIフレームでいうギャップに相当し、解決策がアイディアに相当するので、デザイン思考のワークで構想した内容を当てはめやすいことにも特徴があります。

③ ピクサー・ピッチ

　「ピクサー・ピッチ」は、その名のとおりアニメーション制作会社として有名なピクサーの作品の構成法をストーリーテリングの方法として紹介したもの

です（ピンク 2013）。ピクサー・ピッチはデザイン思考のワークショップでも
しばしば用いられますが、それは以下の項目からプロットを構想します（一般
社団法人デザイン思考研究所編 2013）。

- ・昔々あるところに（Once upon a time）
- ・毎日（Every day）
- ・ある日（One day）
- ・それによって（Because of that）
- ・またそれによって（Because of that）
- ・最後には（Until finally）

以上の 3 つのプロットから、構想したアイディアに適したものを学習者に選
ばせるとよいでしょう。

構造

　プロットがストーリーのあらすじなら、構造はそれを支えるさまざまな設定
を意味します。ストーリーテリングを考えるうえでの構造の要素は、いつ（何
時）、どこで（場所）、どんな場面か、そこにはどんな人たちがいるか、大道具・
小道具は何があるか、などです。

　構造を考えることは、それまでのワークとかけ離れたものではなく、とくに
〈テスト〉の時点である程度の構造が想定されるはずなので、それらとの連接
を大切にしましょう。

役割・役柄

　これも〈テスト〉の配置を前提としながら、ストーリーに登場する人－物を
決めていきます。人－物としたように、配役は人に限らず、動物やモノがあっ
ても面白いです。また人物の配役においても、たとえば男性が女性役を演じた
り、若者が高齢者の役をしたりなどあえて反対の立場で配役することで、ス
トーリーテリングならではの表現が可能になります。

関係性

　最後に、ストーリーテリングに大切なものは関係性です。たとえば「父／娘」は社会的属性に基づく「関係」ですが、「大切だがどう接していいかわからない」は「関係性」になります。関係は見た目や言葉で説明できますが、関係性は（言葉で説明すると陳腐になるので）やりとりで示す必要があります。

　また、関係性においても、人どうしだけでなく、人と物、物と物との関係性を考えることも重要です。とくに地域 PBL では、「地域」と人の関係性はストーリー全体に影響する大切な関係性であるともいえます。

4-7-2　ストーリーテリングのワーク
素案を考える（想定 30 〜 60 分）

　上記のツールキットをもとに構成要素を話し合いから導いていきます。合わ

図 4-10　ストーリーテリング
（2017 年、筆者撮影）

せて必要となる小道具（あるいは最低限の大道具）も制作します。

　この段階まで達したら細かく作業順序を指定する必要はなく、ファシリテーターはタイムキープの手伝いや、行き詰まっているようなときにだけ介入しましょう。

フィードバック（5分×グループ数）

　ストーリーテリングは、作りこもうとすればいくらでも時間をかけることができます。とはいえストーリーテリングの目的は、完璧な劇を上演することではなく、アイディアのエッセンスを企画者以外に共有することです。だからこそ、ストーリーテリングも〈プロトタイピング〉の心構えで進めましょう。

　それゆえ、ストーリーテリング作成のワークでは、あらかじめ時間を決めて一度クラス全体で発表し、ファシリテーターや他の参加者から意見をもらうフィードバックの時間を設けます。こうした演劇的手法に慣れていない学習者の場合、恥ずかしがってうまくいかないこともあります。その点でも、早い段階で一回しすることが大切です。また、フィードバックする側は、良し悪しを評価するのではなく、ここでも質問による介入を心がけましょう。

フィードバックをもとに再作成（想定30〜60分）

　フィードバックが済んだら、それをもとに再度ストーリーテリングを練り上げます。演習のスケジュールにもよりますが、時間がない場合は修正・改善の方向性をグループで確認し、発表日までのグループ課題にしてもいいかもしれません。

　経験的には、ストーリーテリングの頃には、学習者たちがある程度自発的にワークに向き合えるようになっています。作成→フィードバック→再作成のスケジュールは、学生の様子や授業日程と合わせて、柔軟に調整してください。

　以上、本章では、4日間の集中講義をイメージし、その時間枠のなかでの地域PBLの進め方を説明してきました。第3章でも説明したとおり、デザイン思考は、「クリエイティブ」と表現される特別なスキルを持つ人のものでは

なく、関係性のなかで学習者のエージェンシー（主体性）を引き出す方法論だというのが本書の考えです。自らの先入観（偏見）や「こうでなければならない」と思い込んでいる学習プロセスをずらし、比較的短時間で一回しを経験することで、学習者を深い学びへと誘うことが可能となります。

第 4 章のまとめ

(1) 地域 PBL は、地域住民の方々や自治体職員との連携が不可欠です。実施方法や最終成果物、期待値の調整などを関係者間で「握る」（合意が取れて、すり合わせができている状態にする）状態にしておきましょう。

(2) デザイン思考のプロセスに基づくワークは学習者・参加者の様子を確認しながらワークや休憩の時間を調整します。ワークはつねに時間が不足する感覚で進行しますが、「時間の制限のなかで考える」ことを促すことも重要です。

(3) ファシリテーターはワーク中に「評価」せずに、質問で介入しましょう。

第5章

評価方法

本章では、私たちが取り組んできた地域の問題解決型授業（地域PBL）で、どのように評価を行ってきたかを紹介します。アクティブラーニングやPBLでは、そこに参加した学習者が何を学んだかが1つの観点で、その授業が学習者が学ぶために効果的だったかどうかがもう1つの重要な観点と考えています。

5-1　評価の考え方

アクティブラーニングやPBL型授業を評価する場合、最初に述べたように、学生がこの授業で最終的にどこまで到達したかの評価（到達度評価）と、授業の設計や運営等がうまく働いていたかどうかの評価（授業評価）という2つの観点があります。もちろん、学生の成績をどうするか、という観点からの評価もありますが、学生の成績評価は到達度評価に含まれると考えています。また、少し観点は違いますが、授業の途中での評価（形成的評価）と最終的な評価（総括的評価）という2つの見方もあります。この2つの見方は、到達度評価と授業評価のどちらにもあると考えられます。この章では、到達度評価と授業評価および形成的評価と総括的評価の2軸で4つの観点から、評価の仕方について解説します。

表5-1に、4つの評価の内容と方法に関してまとめておきます。この授業の目的は、「問いを立てる」ことと「信頼関係を創る」ことを通して「観想（contemplation）」と「信頼」を体験してもらい、それを「安心」の形成につなげることです。そして、その体験と安心の形成が、好奇心や内発的動機づけを引き出し、学生が自律的学習者としての側面を伸ばしていくというストーリーを考えています。そのため、「問いを立てる」、「信頼関係を創る」ことができているかどうかが到達度の総括的評価と形成的評価の具体的なチェックポイントになります。ここで「観想」は聞きなれないことばですが、従来は「内省」ということばで説明していました。しかし、5-3-2節で説明するように「安心」を形成するためには身体の観察も重要と考え、身体への観察も含むことばとして「観想」ということばを使っています。

　2つ目の「授業評価」の最初のポイントは、学習者がどの程度授業の目的となる「観想」「信頼」の基礎となる「安心」を形成できたかという点です。「安心」に関しては、到達度評価となじまないと考えられるので、質問紙への回答をしてもらうことで、測定するという方法をとっています。「授業評価」の次のポイントは、授業のどこが上手くいっていて、どこが上手くいっていないか

表5-1　この授業における評価の分類と評価方法

	種類		評価の内容	評価方法
評価	到達度評価	形成的評価	問いを立てる	UR シート
			信頼関係を創る	SBI フィードバック、UR シート
		総括的評価	問いを立てる	UR シート、最終レポート
			信頼関係を創る	SBI フィードバック、UR シート
	授業評価	形成的評価	授業の設計と運営	授業後のスタッフミーティング
		総括的評価	安心の形成	質問紙（SOC）
			現状・改善点の把握	授業後のスタッフミーティング

という点です。これはいいかえると、授業の現状を把握し、そのうえで改善点を考えようというものです。この評価をするために、毎日、授業終了後、参加した教員および学生スタッフでミーティングを行い、それぞれの見た現状と改善点に関して対話を行うという方法で実施しました。

　以降では、到達度評価と授業評価に関して、より具体的に、評価の詳細を説明します。

5-2　到達度評価

　「問いを立てる」ことを練習するためと「問いを立てる」ことがどの程度できているか、の評価ツールとして使える UR シートと呼ばれる自己振返りシートを開発しました。また、「関係性を創る」ためとメンバー間の関係性を確認するために「SBI フィードバック」を利用しました。すでにこの 2 つは、第 2 章で説明していますが、本節では評価の観点から UR シートと SBI フィードバックを再度説明しながら、到達度評価に関しても解説していきます。

5-2-1　UR シート

　UR シート（自己振返りシート）の詳細は第 2 章の図 2-2 をご覧ください。UR シートは、それに記入することが「問いを立てる」トレーニングになっていて、1 日の終わりに自分の活動に対して学習者自らが問いを立てるプロセスを体験する仕組みになっています。つまり、UR シートは、教員が学習者の到達度を測るための道具のみならず、学習者がどう問いを立てたら良いかを練習する道具にもなっているということです。

　UR シートに書くべき項目のガイド（質問）を再掲すると次のようになります。

　（1）今日の活動のなかで、驚き、興味、不満、不安、違和感、等は感じましたか？

（2）それらの経験から何がわかりますか？（発見）

　　あなたにとって、それはどういう意味を持ちますか？（発見）

（3）発見を活かすために、考えられることは何かありますか？

（4）今日の感想を自由に書いてください。

学習者は1日で体験したことを、この質問に沿って整理していきます。最初の質問は、1日の体験のなかで感じた違和感（ズレ）に関するものです。このズレは、自分と他者の間のズレのこともありますし、自分の頭のなかにある「常識」と今自分が体験しているものの間のズレのこともあります。最初にズレに気づくということが、問いを立てるために大変重要です。なぜならば、そこで気づいたズレは、自分がそれまでに持っていた世界観（世界をどう見るか）と今ここで経験しているコトとの間の違いや、他者が持っている世界観と自分の世界観との違いであるからです。そして、その違いから重要な問いが生まれてくる可能性が高いからです。

　2つ目の質問は、気づいたズレが自分にとってどういう意味を持つのか、を尋ねています。この点を聞くことにより、体験したことと、自分または他者の世界観との違いを意識化（言語化）しようとしています。この意識化はいわゆる「メタ認知」と言われるものです。このメタ認知が、自分の今までの知識のネットワークのなかに、この授業で体験したことを再構成して組み込むことにつながります。ここまでできると、自分の知識のネットワークを、体験を通して再構成することが可能になります。ここまでがU理論でいう「下降のプロセス」です。

　3つ目の質問は、2つ目の質問から得た「メタ認知」を現実の世界に着地させるためのガイドになっています。いってみれば、内省で得たアイデアを、現実の行動や考え方の変化に結びつけていくための質問です。U理論でいう「上昇のプロセス」の始めと考えることが可能です。

　4つ目の質問は、感想を自由に書いてもらうためのものです。前の3つの質問では、こちらの意図に沿って記述してもらっていますが、先の3つの質問では書ききれなかった学習者の体験を言語化してもらうために、この質問を用

意しています。

　これら4つの質問に答えることにより、体験と自分が持つ世界観とのズレや自分と他者が持つ世界観とのズレが可視化・認識され、問いの出発点に立つことが可能になります。そしてこのプロセスが、体験に基づいて問いを立てるトレーニングになっています。

　URシートは1日の活動が終わると書いてもらっています。そのため、参加した学習者がどういう点に注意しており、どういう問いを立てているかの途中経過がわかり、URシートを読むことにより「問いを立てる」ことに関して、形成的評価をすることが可能になります。また、最終日のURシートを見ることにより「問いを立てる」という目標に対する総括的評価を行うことも可能です。

　問いを立てるという観点からすると、URシートの質問「(1) 今日の活動のなかで、驚き、興味、不満、不安、違和感、等を感じましたか？」と「(2) それらの経験から何がわかりますか？／あなたにとって、それはどういう意味を持ちますか？」が重要なので、この2項目に対して学習者が書いた目標に関係があるものを掲載しておきます。なお、タイトルは内容を勘案して筆者がつけています。

【視点の転換（「問いを立てる」ことに関係して）】
　［質問（1）に対して］：発表のあとのフィードバックで、自分たちが考えていた
　　○○という枠組みから抜け出し、大きなシステムという形でとらえると考えやすくなるのではというアドバイスがあり助かった。
　［質問（2）に対して］：固定概念をとっぱらうという目標に今までは取り組んできたが、今まで近くで見すぎていたものを、すこし遠くから眺めてみることも新しい発見につながるということがわかった。

【グループの雰囲気とアイデア（「信頼関係を創る」ことに関係して）】
　［質問（1）に対して］：最初自分が考えてきたことよりも、グループワークを通して意見交換し合って出てきた意見がすごくユニークで面白くて、みんなで話

し合うことは本当にすごい力があると感じました。

［質問（2）に対して］：グループの仲間が本当に優しくて、どんな意見も聞いて
くれるので、新しい意見が次々と出せる良い雰囲気であることがわかる。

【他者との考えの違いの理解（「問いと立てる」ことに関係して）】

［質問（1）に対して］：1人が話し始めれば、全員どんどん意見を言えて、それ
に比例して理解が深まるというよりは、意見の違いや考えの差が見えてきた。

［質問（2）に対して］：自分が思ったこと、感じたこと、考えたことを口に出し
て伝え、人との差を知ることが大切だとわかった。それを知った上で深めてい
くべきだという意味になる。

5-2-2　最終レポート

　地域 PBL 終了後、1 週間程度で、地域 PBL の活動を振り返り最終レポート
を書いてもらいました。最終レポートのテーマは年度によって変更されること
もありましたが、多くの場合は、以下のようなものでした。

　　◎最終レポートのテーマ

　　この授業で学んだことを大きい順に 3 つ書き、それが自分にとってどういう意味
　　があるのかを説明してください。

このレポート課題は、学習者が地域 PBL のなかでどこに注意をし、それが自
分の今までの人生や知識のなかでどういう位置に収まるかという、活動と知識
の統合をめざした設問となっています。つまり最終レポートは、学習者の到達
度を知るための課題ではありますが、同時にこの課題に取り組むことが、前述
の活動と知識の統合にもつながるという 2 つの側面を意識した課題となって
います。

　たとえば、この課題に対して学習者らは以下のような記述（一部）をしてい
ます。なお、タイトルは UR シートと同じく筆者がつけています。また、それ
ぞれの学習者の記述の後に、それが地域 PBL の評価の観点から、どのように

解釈されうるかを（説明）として筆者が解説しています。

【リーダーシップとグループの雰囲気の変化】
　今回の集中講義で学んだことはたくさんあるが最も印象に残っているのはグループ内での話し合いの雰囲気の変化である。わたしたちの班に関しては初日からグループメンバー全員が楽しい雰囲気で話し合いができていた。しかし日を追うごとに楽しい雰囲気に加え意見が積極的に出るようになり、議題の共有もしっかりできるようになっていったと感じた。他の班の人と話す機会があったがやはりグループの雰囲気というものはとても重要であり、なかなか意見が積極的に出ない班もあるようであった。この違いは何からくるものかと集中講義が終わり考えてみたが、やはりリーダーシップの目標の影響が大きかったと思う。
　（説明）この記述により、この学生にとっては地域 PBL の目標の１つである「信頼関係を創る」ということができており、しかも、それに影響を与えたのがリーダーシップであるということが明言されています。

【考えを広げる重要性】
　印象に残っていることは「考えを広げる重要性」です。ポストイット（付箋）のことです。自身の性格に関係する部分があるためこの学びを書きました。情報を集めることは好きなのですが、そこから分析することが苦手です。したがって最初の段階で１つに絞って、それに注力することが多々あります。この講義ではポストイットで考えを選別せずに、とりあえず出してみる。結果として枠組みにとらわれない解決策が生まれる。加えて、失敗しても戻って再び考えることが可能。これらを知るきっかけとなり、ぜひ日常に取り入れようと思いました。
　（説明）地域 PBL では、「問いを立てる」ためにデザイン思考の枠組みを利用しましたが、その際、発散思考と収斂思考をくりかえしながら問題解決に近づいていきました。この学生は、発散思考の大切さを意識したということです。発散思考と収斂思考はどちらも問いを立てる上で重要な思考なので、この学生は問いを立てる上での重要な点を学んだと評価できると思います。

【関わる時間に比例して本質に近づくこと】

　印象に残っていることは「関わる時間に比例して本質に近づくこと」です。ゼミでのある出来事があったためこの学びを書きました。他の人の発表に対して質問していくのですが、事前に資料を読んでいなかったため的外れの質問をしてしまいました。以来、事前準備を心がけています。この講義では〇〇地区の住民の方と単に3日しか交流が無い自分では、本質に届くまで差があると劇終わりの質疑応答で感じました。この学びは、今後も心がけていかなければいけないものであると考えます。

　（説明）本質に近づくにはどうしたら良いかという問題意識のもとに、ここでの活動を振り返り「本質に近づくにはある程度の時間が必要」という気づきを得ています。これは地域PBLでは特に想定していない問いですが、実は授業でこういったPBLを実施する場合の大きな課題でもあります。そういった点を自分の問題意識をからPBLの活動を通して導き出している点は評価できます。

5-2-3　SBIフィードバック

　SBIフィードバックは、すでに第2章で説明していますが、本節でもポイントだけ説明しておきます。SBIフィードバックは360度フィードバックと呼ばれることもありますが、どんな状況で（Situation）、あなたのどんな行動や発言が（Behavior）、私にどのようなインパクトを与えたか（Impact）、というシンプルなフィードバックをグループ内の他者に対して伝える手法です。この3つのポイントの頭文字をとってSBIフィードバックと呼ばれています。

　授業では、1日のはじめにリーダーシップの目標（目標共有、率先垂範、同僚支援のうち1つ）を立ててもらい、1日の終わりにグループの自分以外のメンバーに対して、SBIフィードバックを行いました。これにより、グループに対する自分の影響力がわかると同時に、グループメンバー間での信頼構築の効果もあります。

　リーダーシップの目標とSBIフィードバックを取り入れる前は、グループメンバー間で信頼関係が途中で改善するということが難しい場面がありました。ところが、リーダーシップの目標設定とSBIフィードバックを実施するよう

になってから、1日目のスタート時点で信頼関係ができていなかったグループも、5日目を終了する頃には、信頼関係ができ、スムーズな話し合いができるようになっていきました。この要因として、リーダーシップの目標を立て行動するという効果もありますが、SBIフィードバックにより、自分を肯定できたことと、メンバー間に信頼関係ができたことが大きかったと考えています。

SBIフィードバックには、グループ内の信頼関係を可視化するという、学生間での相互評価の面がありますが、残念ながらフィードバックは学生同士でやりとりされていて、授業運営者（教員）には開示されていません。これは教員が見たり成績の判断材料にされたりするとフィードバックがゆがむ可能性があるためです。そのため、信頼関係の到達度評価をSBIフィードバックにより実施することはできません。グループ内で信頼関係が構築できているかどうかは、外部から見たグループの雰囲気とURシートの記述を見て判断しています。

5-3 授業評価

地域PBLの授業設計と運営の評価は、授業後に毎回開催されていたスタッフミーティングと質問紙（SOC、情動知能、内発的動機）により実施していました。以下はこれらの方法の説明です。

5-3-1 スタッフミーティング

授業でうまくいっている点といっていない点を評価するために、毎日、授業終了後に、教員と学生スタッフが集まり1時間程度のミーティングを行っています。そこでは、教員と学生の区別なく、参加メンバーが気づいたことを発言し、全員でシェアします。このミーティングで提案されたことは、可能な場合は授業設計をリアルタイムに見直し、そうでない場合は次の年の授業設計に取り入れ、うまくいかなかったことはやめ、新しいことを試しています。そのため、地域PBLでは、スケジュールは毎年同じではなく、表5-2のように変

わり続けています。

表 5-2　地域 PBL の変遷

年度	変更点
2014	地域 PBL 開始、無単位科目、エンゲストロームの探求的学習がベース
2015	単位科目に変更、問いのフレームワークとしてデザイン思考を導入
2016	信頼関係を創るためにリーダーシップの観点を導入、UR シートを開発
2017	SOC の測定開始
2018	演出の専門家にプレゼン（寸劇）を指導してもらう
2019	個人リサーチ課題を導入
2020	地域 PBL をオンラインで実施
2021	発想法をデザイン思考のプロセスに融合、フィールドワークでの各種体験

　地域 PBL を開始した最初の年は試行で、受講した学習者に単位は出ませんでした。探求的学習をベースに授業を設計しましたが、問題解決の枠組みがなかったこともあり、学習者間の議論はあまり進まず、運営する教員にとって多くの課題を意識することができました。

　2015 年には正式な授業として登録し単位も出せるようになり、他大学からも単位互換制度を使って受講が可能になりました。これ以降、毎年、福井県内の 4 ～ 5 大学から 20 名前後の学生が受講しています。前年度の反省から、学生にとってわかりやすいようにスタンフォード大学の d.school が提唱しているデザイン思考のプロセスを導入し、ある程度そのプロセスに沿って問題解決が進むようになりました。ただ、グループメンバー間の関係性によってはうまくいくグループとうまくいかないグループができていました。

　2016 年には、前年度の課題を改善するため、リーダーシップの観点を導入しました。これにより、地域 PBL の途中でメンバー間の関係が劇的に変化するようになり、信頼関係を創るという目標も達成できるようになりました。質問ワークもこの年から導入されています。

2017年には、「問いを立てる」と「信頼関係を創る」のベースとなる「安心」を測るための指標としてSOC（Sense of coherence：首尾一貫感覚）（アントノフスキー 2001）が質問紙で測られるようになりました。SOCは1日目と5日目の終了時に測定し、どの程度変化したかが分析されます。

　2018年からは最後のプレゼンの寸劇の指導に専門家（演出家）を招くようになりました。これまでは教員が寸劇の指導をしていたのですが、それに比べると、それまでの議論を積み上げる形で寸劇まで持っていく指導によって、学習者よりも教員側が沢山学ぶことができました。

　2019年は、今取り組んでいる問題解決と同様の事例を全国規模でリサーチしてもらう、個人リサーチ課題を途中で学生にしてもらいました。それにより、全国で行われているさまざまな事例を参考にして目の前の課題を考えられるかと期待しましたが、どちらかというと学生の意識を解決策の方に向け、発散と収斂をくりかえす際の発散の妨げになる可能性があったので、次の年からは実施されませんでした。

　2020年は、新型コロナのパンデミックの年で中止するかどうかを地域PBLに関わる教員で検討しましたが、オンラインで実施してみようという結論になり開講しました。いろいろと困難はありましたが、オンデマンド等の一方通行の授業が多いなかで、オンラインではありましたがグループワーク主体の授業は学習者にかなりインパクトを与えたようです。

　2021年は対面に戻り、それまで1日目に独立して実施していた発想法をデザイン思考の各プロセスのなかで実施するという方式に変更しました。それに伴い1日目に時間的余裕ができたので、学生に地域のさまざまな活動に参加してもらうという時間を設けました。特に後者は学生の発想を刺激したようで、いつもより深い議論ができたのではないかと思いますし、デザイン思考のなかに埋めこまれた発想法も、なぜそれをやるのかがハッキリわかるようになり、良い結果となりました。

　以上、スタッフミーティングと、その結果出てきたアイデアにより変わっていった地域PBLの変遷を示しました。残念ながら地域PBLは主に担当していた教員の事情で2021年度が最後になってしまいましたが、地域の問題解決型

の PBL として一定のひながたを構築できたのではないかと考えています。

5-3-2　首尾一貫感覚（SOC）

　SOC は、アーロン・アントノフスキーがアウシュヴィッツ収容所生存者を研究するなかで発見した健康の要因です。SOC は、把握可能感、処理可能感、有意味感という 3 つの下位尺度から構成されていて、その総和が SOC の値となっています。把握可能感は自分の周りで起こることを自分は把握できているという感覚、処理可能感は自分の周りで起こるさまざまな問題に対して、自分は有効に対処できるという感覚、有意味感は自分の人生には意味があるという感覚です。この 3 つの値が高い人は健康の度合が高く、ストレスへの対応能力が高いと考えられています。

　地域 PBL では、「問いを立てる」の基礎にある「観想」と「信頼関係を創る」の基礎にある「信頼」を想定し、さらにその基礎にある「安心」を形成することにより、主体性や好奇心を引き出し、自律的学習者を育てようとしています。そのモデルとして図 5-1 を考えています。「観想」は聞きなれないことばですが、心だけでなく身体も観察するという点がポイントです。問いを立てる場合は、心の違和感だけでなく、身体の違和感にも注意を向けて欲しいという願いを込めて「観想」ということばを使っています。図では、安心（Secure Base）を形成する要素として、観想と信頼だけでなく（人生の）意味も視野に入れていますが、地域 PBL で扱っているのは主に「観想」と「信頼」なので、ここでは意味には触れないでおきます。また、Secure Base というのは、心理学者のボウルビーが提唱した愛着理論（Attachment Theory）（ボウルビー 1976）で使われている用語で、私たちは幼少期に養育者との関係のなかから養育者を Secure Base（安全基地）として考え、そこから外に冒険にでかけ、怖い目にあったらそこに帰ってくるところと考えられています。つまり、Secure Base があることにより、私たちは好奇心を持ち、周りを探索できるということになります。

　幼少期に形成された Secure Base は成人になった際、他者とどう関わるかのひながたを提供すると考えられています。このモデルでは、Secure Base を自分

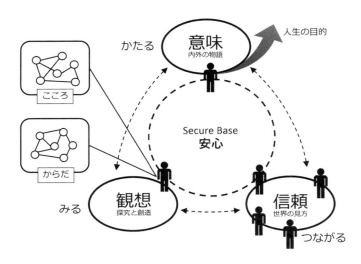

図 5-1　学習の基礎となる自律的学習者の 3 要素

の心のなかに形成された「安心」と捉え、そこにアクセスする方法として、信頼と観想（そして意味）を考えています。

　このモデルの安心を測定する方法として、SOC を考えています。SOC は愛着理論とはまったく違うベースで創られた指標ですが、観想は把握可能感に、信頼は処理可能感に、意味は有意味感に関係がありそうです。実際に、愛着理論をベースにして愛着スタイルを測定し、そこから安心の度合を推定したものと SOC は図 5-2 のように、驚くほど相関が高い（相関係数 0.761）ことが分かっています（山川 2021）。つまり、このことは SOC を安心の指標としても問題ないということを示しています。

　地域 PBL では、13 項目の SOC 質問紙を使い、1 日目終了時と 5 日目終了時で測定しました。結局諸事情のため SOC の測定は 2017 年度しかできていませんが、その際、SOC の平均値は若干上昇しましたが、統計的に有意というところまではいきませんでした。

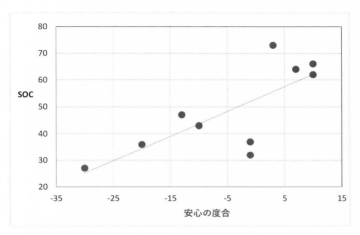

図 5-2　安心の度合と SOC の関係
（山川 2021）

5-3-3　情動知能

　情動知能は、ゴールマン『EQ——心の知能指数』（ゴールマン 1996）で有名
になった概念です。EQ（Emotional Quotient）は IQ（Intelligence Quotient）に対
応するものとして考えられましたが、学術的には Emotional Intelligence（EI）
と呼ぶ方が一般的です。情動知能は、図 5-1 の信頼と観想に関係する概念
で、地域 PBL では、豊田・山本による日本版 WLEIS（Wong and Law Emotional
Intelligence Scale）（豊田 2011）を利用しています。日本語版 WLEIS（J-WLEIS）
は、下位尺度として、情動の調節、自己の情動評価、情動の利用、他者の情動
評価の 4 つがあります。このうち、情報の調節、自己の情動評価、情動の利
用は、自分の情動を観察することと関係しているので内省を評価する部分、他
者の情動評価は他者との信頼関係を築くことと関係しているので信頼を評価す
る部分と考えることができます。

　情動知能を始めて測定した 2018 年の地域 PBL では、表 5-3 のような結果に
なりました。

表 5-3　情動知能の変化

N=27	情動の調節	自己の情動評価	情動の利用	他者の情動評価
1 日目終了後	16.5	19.0	16.8	19.6
5 日目終了後	18.6**	21.7**	18.1*	21.6*

$$(*p<0.05, \ **p<0.01)$$

この結果から、地域 PBL のプログラムは、情動知能を高める効果があることが確認されました。

5-3-4　内発的動機づけ

　内発的動機づけに関しては、桜井による「自己決定とコンピテンスに関する大学生尺度」（桜井 1993）を利用しました。この指標では、内発的に動機づけられた行動を、自己決定理論をベースに「人間がそれに従事することによって、自己を有能で自己決定的であると感知できるような行動」としています。そのためこの指標は、下位尺度として、有能感、有能欲求、自己決定感、自己決定欲求の 4 つからなります。

　この指標を始めて測定した 2018 年の地域 PBL では、表 5-4 のような結果になりました（田中 2019）。

表 5-4　内発的動機づけの変化

N=27	有能感	有能欲求	自己決定感	自己決定欲求
1 日目終了後	22.8	38.3	31.8	38.9
5 日目終了後	24.0**	40.3**	33.4	41.1*

$$(*p<0.05, \ **p<0.01)$$

地域 PBL は、内発的動機に従って自ら学ぶ自律的学習者を育てることが目的でしたが、自律的学習者を構成する要素と考えられる、有能感、有能欲求、自己決定欲求が高まる効果があることが確認できました。

第 5 章のまとめ

(1) 評価の観点として、到達度評価 vs 授業評価という軸と、形成的評価 vs 総括的評価という 2 つの軸があります。

(2) この 2 つの軸に沿って、地域 PBL で実施した評価の内容と方法を示しました。

(3) 到達度評価の観点からは、学習者が「問いを立てる」ことと「信頼関係を創る」ことができているかどうかを評価しました。

(4) 授業評価の観点からは、授業がうまくいっているかどうか、学習者のなかで安心の形成ができているかどうかを評価しました。

(5) 質問紙による調査からは、地域 PBL により安心の形成ができたとはいえないが、情動知能と内発的動機づけに関しては向上したという結果が得られました。

第6章

授業設計の基礎となる理論

　DAL を PBL で実現するための地域 PBL の授業設計を考える際に利用した学習理論を紹介するのが本章の目的です。いくつかの理論を紹介する前に、教育や学習が今後どの方向に進んでいくかを提案している OECD Education 2030 プロジェクトから話を始めたいと思います。

6-1　OECD Education 2030プロジェクト

　OECD Education 2030 プロジェクト（白井 2020）は、OECD が 2030 年に必要となるコンピテンシー（能力）に関してまとめたものであり、学習者が未来を生き抜き、世界を形作っていくためには、どのような知識、スキル、態度及び価値観が必要になるのかをテーマとしています。そのなかではラーニング・コンパス（OECD Learning Compass）と呼ばれる象徴的な図が作られ（図 6-1）、プロジェクトの進む方向を指し示しています。ラーニング・コンパスのキーワードは、ウェルビーイング（Well-being）とエージェンシー（Agency）です。ウェルビーイングは教育の目標であり、学習者が「より良く生きる」ことをめざしていて、その実現のために必要とされるのがエージェンシーであり、それは自分の未来を自分で形づくる主体性と考えられています。そしてラーニング・コンパスでは、エージェンシーには学習者個人のエージェンシーと、仲間、教師、親、地域のコミュニティの間で形成される共同エージェンシーがあるとされています。

OECD Education 2030 プロジェクトでキーワードとなるエージェンシーとウェルビーイングを支える基盤として認知的基盤（リテラシー、ニューメラシー、データリテラシー）、健康的基盤、社会情動的基盤が想定されています。ここで指摘されている健康的基盤と社会情動的基盤は、以前から非認知能力とか情動知能と呼ばれていたものと関わってきます。社会情動的基盤が形成されると健康的基盤も同時に形成されると考えられるので、ここでは非認知的基盤として

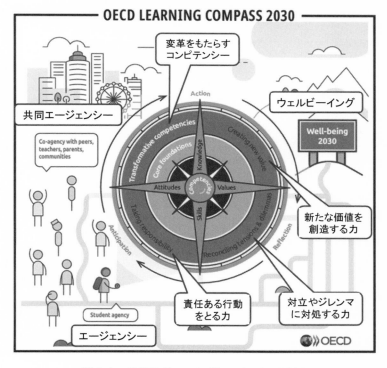

図6-1　OECD ラーニング・コンパス 2030
（http://oecd.org/education2030-project/ より一部改変
（2023 年 3 月 5 日閲覧））

社会情動的基盤を考えておきます。社会情動的基盤は、OECD の定義によると以下の 3 要素です（経済協力開発機構 2018）。

(1) 他者との協働：社交性、敬意、思いやり
(2) 情動の制御：自尊心、楽観性、自信
(3) 目標の達成：忍耐力、自己抑制、目標への情熱

他者との協働は、地域 PBL で目標の 1 つとしている「信頼関係を創る」につながります。また、もう 1 つの目標である「問いを立てる」の基礎には、自分自身を客観的に見ることがあり、それは情動の制御につながっていきます。目標の達成は、直接地域 PBL の目標とはつながっていませんが、信頼関係を創るために導入しているリーダーシップの 3 要素の 1 つである「目標共有」とつながっています。いずれにしろ、目標の達成は、他者との協働や情動の制御があり初めて可能になるという点は同意していただけるのではないかと思います。このように、地域 PBL でめざしている学習の方向性は、OECD Education 2030 でめざしている方向性と重なるものと考えることができます。

6-2 地域PBL授業設計の全体像

　筆者らが運営している地域 PBL の目的は自律的学習者を育てることです。ここでいう自律的学習者とは「学習を面白いと感じ内発的動機づけから学習に取り組む学習者」を指します。学校教育はある意味、外発的動機づけにより学生や生徒を学ばせるところです。ですから、内発的動機を育てる授業を学校教育のなかで実施するというのは難しいことかもしれません。
　すでに「はじめに」でご紹介しましたが、内発的動機を育てる授業モデルとして図 6-2 を想定しています。このモデルの中心になるのは自己決定理論と呼ばれる内発的動機から外発的動機を段階的にかつ連続的に考えている理論です。この理論をベースに「問いを立てる（問いのデザイン）」ためにデザイン思

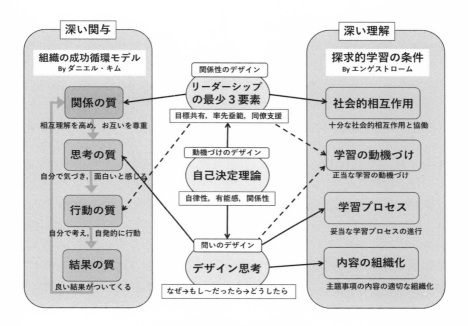

図 6-2　内発的動機を育てるモデル

考を、「信頼関係を創る（関係性のデザイン）」ためにリーダーシップの最小 3 要素を取り入れ、地域 PBL を設計しました。第 1 章で説明した、深い理解のための枠組みとしてエンゲストロームの探求的学習を、深い関与のための枠組みとしてダニエル・キムの成功循環モデルを想定し、そのなかの各要素が、問いと関係性のデザインにどう結びついているかを示したモデルが図 6-2 です。もちろん、探求的学習のなかにも社会的相互作用といった深い関与に関わる要素はありますし、成功循環モデルのなかにも思考の質という深い理解に関わる要素はあるので、深い理解と深い関与をこの 2 つに割り当てているのは便宜的なものと考えてください。

ライアンとデシが提唱した自己決定理論のなかの基本的心理欲求理論による

と、内発的動機づけに関係する欲求として、自律性、有能感、関係性の3つ
があり、それらが充足されることにより、内発的動機から行動できるとしてい
ます。自律性とは「自己決定したい」という欲求、有能感は社会のなかで自ら
の能力を肯定的に認めたいという欲求、最後の関係性は人とのつながりに関す
る安定した感覚への欲求です。

　自己決定理論では、たとえ最初、外発的動機として行動を起こしても、上記
の3つの欲求が満たされていると、内発的動機に転化していくと考えていま
す。たとえば、授業で課題が出された際、学生にとってその課題が自分の得意
な分野であれば、課題そのものは外発的に与えられたものであっても、それを
きっかけにして内発的動機から課題に取り組むということは起こりえます。ま
た、たとえばアルバイトで担当の上司との間に信頼関係がある場合、上司から
の指示でやるべきことがあったとしても、内発的動機からその仕事をこなすと
いうことも考えられます。

　つまり、地域PBLのなかで、この3つの欲求が満たされるような体験をし、
そういう状態を自分で創り出せるという視点を持つことにより、内発的動機か
ら学習や仕事をする自律的学習者を育てることができるのではないかと考えま
した。ここで、基本的心理欲求理論の関係性は、地域PBLの目標の1つであ
る「信頼関係を創る」ことと重なります。あと1つの目標の「問いを立てる」
は、直接には自律性と有能感につながらないように見えます。実は問いを立て
ることは、人生を探求することにつながり、自分の人生の意味もその延長線上
にあります。自分の人生が有意味だと感じられる人は、自分の社会的な役割を
肯定的に捉えているといえるでしょう。また、人生の選択はすべて問いの形を
しており、どちらを選択するかだけでなく、その選択のための問いを自分で立
てることができる人は、自己決定という点では充足しているのではないかと考
えることができます。

　以上のように、自律的学習者を育成するために「問いを立てる」「信頼関係
を創る」という2つの目標は、関係性のデザイン（リーダーシップの3要素）、
問いのデザイン（デザイン思考）を通してアプローチできそうだということが、
わかっていただけたのではないかと思います。次に関係性のデザインと問いの

デザインが、ディープ・アクティブラーニングの深い理解と深い関与にどう関係するかを説明します。

　関係性のデザインは、深い関与につながる成功循環モデルの要素のうち、関係の質に強く関わり、行動の質にも関わっています。また、深い理解につながる探求的学習の要素のうち、社会的相互作用に強く関係し、学習の動機づけにも関係しています。関係性が動機づけに関係するというのは、自己決定理論の3つの主要な欲求に関連があることから明らかです。

　一方、問いのデザインは、探求的学習の要素の学習プロセスと内容の組織化には強く関わり、学習の動機づけにも関わっています。デザイン思考のステップは探求的学習のプロセスとかなり対応づけができ、その点が、学習プロセスに深く関わっている点です。また、内容の組織化は、デザイン思考のステップのなかで、問題定義→創造→プロトタイプのなかで内容の組織化が行われることと対応しています。そして、最初に提供された問題提起からフィールドワークに出ると、問題提起と矛盾することを観察することもあり、それが探求的学習でいう矛盾からくる動機づけにつながっていくと考えられます。

　このように、問いと関係性のデザインを経由して、深い学習をすることで自律的学習者を育てるという私たちの地域 PBL のモデルを説明しました。ここで使っている理論やモデルで、探求的学習と成功循環モデルは第1章で、リーダーシップの3要素は第2章で、デザイン思考は第3章で解説していますので、詳細はそちらをご参照ください。自己決定理論、ALACT モデル、U 理論を以降で説明します。

6-3　自己決定理論

　自己決定理論（self-determination theory: SDT）（Deci 1985）は、ライアンとデシにより提唱された理論で、外発的動機にも段階があり、そこから内発的動機に至る過程を連続したものとして取り扱います。自己決定理論は、それを説明するための5つのミニ理論からなっており、概要を表6-1に示します。

表6-1　自己決定理論を構成する5つのミニ理論

ミニ理論	概要
認知的評価理論	環境要因（報酬が典型的）によって内発的動機づけがどのように変化するかを理論化した。最も初期の理論。
有機的統合理論	外発的動機づけを自律性の程度によって分類した。自律性の高い動機づけのほうが、パフォーマンスや精神的健康において優れているとする。
因果志向性理論	無動機づけ（無気力）、典型的な外発的動機づけ、自律的動機づけ（一部の外発的動機づけと内発的動機づけ）を、3種類のパーソナリティ（あるいは特性）として理論化した。
基本的心理欲求理論	最も基本的な理論、人間の基本的心理欲求として、関係性の欲求、有能さへの欲求、自律性への欲求を想定し、これらが充足されると人間は自己実現し、健康で幸せに生きられるとした。
目標内容理論	人生（将来）の目標を、内発的人生目標と外発的人生目標に分け、内発的人生目標を中心にすえ、その達成に向けて努力することが、自己実現、健康、幸福につながるとした。

（鹿毛（2019）を一部改変）

　このなかで、DALに関係して特に重要なのは、有機的統合理論と基本的心理欲求理論と考えていますので、この2つを中心に解説を行います。
　有機的統合理論は、外発的動機づけを自律性の程度により4段階に分類しています。さらに、まったく動機づけがない段階（無動機づけ）と完全に自律的な動機づけがある場合（内発的動機づけ）をその両側におき、表6-2のようなモデルを提唱しました。

表 6-2　有機的統合理論における動機づけの段階

動機づけ分類		特徴的な学び方
内発的動機づけ		面白いから学ぶ
外発的動機づけ	統合的調整	自分が勉強したいから学ぶ
	同一化的調整	将来のために必要だから学ぶ
	取り入れ的調整	友達より良い成績を取りたいから学ぶ
	外的調整	叱られるから学ぶ
無動機づけ		学びたいと思わない

　有機的統合理論では人間の動機づけに関して、まったく自律性がない無動機づけから、自律性が高い内発的動機づけまで、7段階に分かれています。自律性の軸では中間にある外発的動機づけに関しては4段階に分かれていて、一番自律性が低い外的調整は、報酬の獲得や罰の回避などの外的な要求に基づく動機づけ、2番目の取り入れ的調整は、他者との比較による自分の価値の維持に基づく動機づけ、3番目の同一化的調整は、活動を行う価値を認めて自分のものとして受け入れている状態の動機づけ、4番目の統合的調整は、活動が自分の価値観と一致して違和感なく受け入れている状態の動機づけ、をさします。

　基本的心理欲求理論は、人間の基本的心理欲求として、関係性の欲求、有能さへの欲求、自律性への欲求を想定し、これらが満たされていると、学習活動の場で外から与えられた課題であっても、有機的統合理論でいうところのより自律性が高い動機づけとして対応できることを指しています。これはたとえば出された課題が自分の得意な分野の場合や、課題を出した指導者やそれを実行するグループメンバーとの信頼関係が大きい場合、同一化的調整、統合的調整を行い、課題の実行ができることを意味しています。

　地域 PBL では、そこで行う活動を設計の段階で学習者が同一化的調整できるようなセットアップをした上で提示しています。これは、なぜこの活動が必要か、そしてこの活動は学習者の将来にどのように役に立つかを事前に説明した上で授業を進めることを意味しています。その上で、関係性のデザインによ

り関係性への欲求を充足させること、問いのデザインにより自律性と有能性への欲求を充足させ、より外発的動機づけの自律性をあげ、内発的動機づけに近づくように考えています。

　ここまでの説明で、自己決定理論をベースに、関係性のデザイン（リーダーシップの最小 3 要素）と問いのデザイン（デザイン思考）を取り入れることにより、内発的動機づけを育成する環境をつくることができるという点を理解していただけたのではないかと思います。

6-4　ALACTモデル

　ALACT モデルは、教師教育を研究しているコルトハーヘンが学習者としての教師の理想的な振返りのプロセスをモデル化したもの（コルトハーヘン 2012）で、

　（1）行為（Action）
　（2）行為の振返り（Looking back on the action）
　（3）本質的な諸相への気づき（Awareness of essential aspects）
　（4）行為の選択肢の拡大（Creating alternative methods of action）
　（5）試行（Trial）

の 5 つのステップかならなり、この 5 つのステップの頭文字がモデル名になっています。それぞれのステップの意味するところは表 6-3 のとおりです。

表6-3　ALACT モデルのステップ

各ステップ	内容
行為	具体的な経験を積むステップです。地域 PBL では、フィールドワークを行ったり、グループワークをしてメンバーと話したりすることです。
行為の振返り	その行為をする際、またはした結果、自分および周りの人々にどういう思考や感情が起こってきたかを振り返ります。特に違和感を感じた点には注意を払います。
本質的な諸相への気づき	前のステップで気が付いたこと（思考、感情）の元にある大切にしていることを、自分と周りの人々の両方の側面から見ていきます。
行為の選択肢の拡大	前のステップの結果を踏まえて、では、次に同様の行為をするとしたら、どうするかを考える段階です。ここで、自分が大切にしているものを踏まえて、次の行為の選択肢を考えます。
試行	前のステップの結果を踏まえて、再度行為を行う段階です。ここで最初のステップに戻り、ここまでのステップをくりかえすことになります。

さらに、この第 2 ステップ（行為の振返り）から第 3 ステップ（本質的な諸相への気づき）に進むにあたって、コルトハーヘンは表 6-4 のような 8 つの問いを準備しています。コルトハーヘンは教師の振返りとして ALACT モデルを提案しているので、この場合の「私」は教師で「相手」は生徒ですが、筆者らは一般的な振返りにも十分使えると考えています。

表6-4　8 つの問い

0. どのような文脈だったか	
1. 私は何をした？	5. 相手は何をした？
2. 私は何を考えていた？	6. 相手は何を考えていた？
3. 私はどう感じていた？	7. 相手はどう感じていた？
4. 私は何を望んでいた？	8. 相手は何を望んでいた？

この問いは、行為→思考→感情→大元にある願い、と振返りを進め、ALACT モデルの第 2 ステップから第 3 ステップへとガイドしていると考えられます。

　以上が ALACT モデルの概略ですが、筆者らはこれらを参考に、UR シートの質問を設計しました、ただ、8 つの質問は詳細すぎるので、そのいくつかはまとめ、ALACT モデルのステップに従い、思考・感情の振返り→その本質は何か→それを踏まえて今後どうするか、という流れで振返りができるように UR シートを作成しました。具体的な UR シートの質問は、以下の 4 つです。

(1) 今日の活動のなかで、驚き、興味、不満、不安、違和感、等は感じましたか？
(2) それらの経験から何がわかりますか？（発見）
　　あなたにとって、それはどういう意味を持ちますか？（発見）
(3) 発見を活かすために、考えられることは何かありますか？
(4) 今日の感想を自由に書いてください。

(1)〜(4) が ALACT モデルに沿った質問で、(4) はそれ以外の考えを拾うためのものです。

6-5　U理論

　U 理論は、オットー・シャーマーが提唱している、過去の延長線上にない変化やイノベーションをおこすための原理と実践手法を明示したとされる理論です（シャーマー 2010）。その概略のプロセスを図 6-3 に示します。

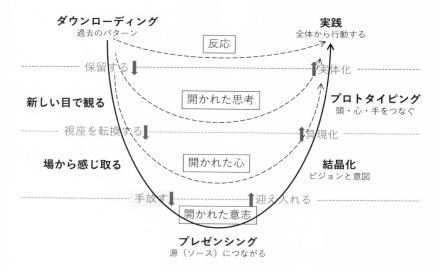

図6-3　U理論の概略
（シャーマー（2010）を一部改変）

図6-3では左側が、私たちが世界をどう見るかに関係する部分、右側が私たちがどう行動するかに関係する部分です。私たちは普段、過去のパターンを踏襲して行動や実践をしています。それが「反応」のところにある点線の放物線です。この場合、私たちは何かの状況に反応して、過去のパターンを探し出し、それを再現するように行動していると考えられます。

　ものごとを深く理解するためには、一旦過去のパターンを保留して状況を新しい目で見ることが要求されます。その段階が「開かれた思考」のところにある放物線です。この段階だと、状況の新しい理解が可能になり、そのため従来の行動や実践でない何かが可能になることもあります。それを試す段階がプロトタイピングと考えて良いでしょう。

　さらに深く世界を見るためには、視座を転換し場から感じ取ることが必要になります。この段階では思考ではなくさらに深い部分で自分が何を感じている

かに注意を向ける必要が出てきます。この段階が「開かれた心」のところにある放物線です。ここでは、場から感じ取ったものがビジョンとして結晶化し、そこからプロトタイピング、実践へとつながります。

図 6-3 で U 字の底にあるのがプレゼンシングというステップです。これは、意識的に実施するというよりは、場から感じ取ることを行っていると自然に表れる段階と考えることができます。それを U 理論では「開かれた意志」と表現しています。ある意味この段階は、宗教でいう超越的自己と近い意味合いのようにも思いますが、U 理論でいう「源（ソース）につながる」ことにより右側の行動が変わってくることになります。

地域 PBL で使っている UR シートは U-Reflection シートを短縮したもので、この U 理論のプロセスを取り入れています。面白いことに、U 理論のプロセスと ALACT モデルのステップは、まったく違うアプローチにもかかわらず、本質は同じと考え、筆者らは振返りのための UR シートを開発しました。

第 6 章のまとめ

(1) 地域 PBL の授業設計の基礎となる理論を説明しました。

(2) 教育の新しい方向性を示す OECD Education 2030 プロジェクトを説明しました。

・エージェンシーとウェルビーイングがキーワードです、

・それを支える社会情動的基盤も重要です。

(3) 地域 PBL 授業設計の全体像を説明しました。

・内発的動機から学ぶ自律的学習者をどう育てるかが中心課題と捉えています。

・そのために関係性のデザインと問いのデザインを考えました。

(4) 自己決定理論は外発的動機づけと内発的動機づけに関する理論です。

(5) ALACT モデルは内省をどう行うのが効果的かに関する理論です。

(6) U 理論はイノベーションのための理論ですが、ALACT モデルとあわせて振返りのための UR シートを開発しました。

第7章

地域PBLをオンラインで実施する

　ここまでは、地域 PBL を対面授業として実施する際の概要を説明してきました。この章では、地域 PBL をオンラインで実施した事例の紹介と、実施の際の注意点をまとめます。

7-1　オンライン授業の流れ

　新型コロナウィルスのパンデミックに伴い、2020 年度の授業は多くがオンライン授業になりました。地域 PBL も、中止するかオンラインで実施するかを関係する教員で議論した結果、2020 年度はオンラインで実施することになりました。その経験に基づき、PBL 型の DAL をオンラインで実施する場合のメリット・デメリットや注意点などを解説します。2020 年度の地域 PBL の授業の流れは次のようなものです。

表 7-1　オンラインで実施した地域 PBL の内容

日程	目標	探求的学習との対応	授業内容（デザイン思考との対応）
1 日目	信頼関係の基礎を築く	方向づけの準備	発想法＋デザイン思考の講義と演習 リーダーシップの目標設定
2 日目	解決すべき課題の特定	動機づけ、方向づけ、内化	教員からの問題提起、地域の方へのインタビュー、【共感】、【問題定義】の開始
3 日目	解決策の創造とテスト	方向づけ、外化	【問題定義】の完成 【創造】
4 日目	解決策の提案	外化、批評	【プロトタイピング】、【テスト】 【ストーリーテリング】
5 日目	授業全体の振返り	統制	インタビューした方へのプレゼン（寸劇）＋講評、授業全体の振返り

これは、第 3 章で説明した対面の際の地域 PBL の流れと違いはありませんが、地域でのフィールドワークができなくなったため、問題提起は担当教員の方から行い、テーマは「地域にとっての幸福とは何か」という比較的抽象度が高いものとしました。そして、フィールドワークは、地域で活躍している方へオンラインでインタビューするという形式で実施しました。実際にインタビューを行ったのは、福井の 2 地域、九州の 1 地域で活躍している 3 名の方です。

7-2　オンライン地域PBLで工夫した点

　2020 年度の地域 PBL には、4 大学から 20 名の受講がありました。以下、オンラインの地域 PBL で工夫した点をあげておきます。

（1）授業は Zoom を使って行った

　地域 PBL の授業は、Zoom を利用して実施しました。またグループワークは Zoom のブレークアウト機能を使い、各グループの議論を実施しました。Zoom は受講した学習者にとっても、所属校の授業でよく使っているツール

だったので Zoom の使い方はほとんど問題はありませんでした。ただ、学生に
よってはネットワーク環境はあまり良くなく、途中でネットワーク回線が断た
れる学習者もいて、その点のフォローが必要になりました。

(2) 資料の配布、レポートの回収用に Google Classroom を利用した

　例年、地域 PBL の補助的システムとして代表校の LMS（Moodle）を利用し
てレポートの提出等は行っていましたが、オンラインで地域 PBL を実施する
場合、資料を渡すのもシステム経由でなければできなくなりました。例年どお
り代表校の LMS という選択肢もありましたが、この LMS は当時性能が良く
なくかつ大学内でも利用者が増えていたので、代表校で契約していた Google
Classroom を利用して、資料の配布、レポートの提出等を行いました。4 大学
のうち 3 大学は Google Classroom を日常的に使っているので問題ありません
でしたが、1 大学は通常使っていなかったので、その大学に所属する学習者に
は、使い方がわからなければすぐに聞くようにアドバイスをしておきました。
ただしこういった授業支援システムは Google Classroom である必要はなく、普
段から利用している LMS があれば、それを使えば同等のことは可能です。

(3) グループワーク時には Google Jamboard を利用した

　対面のグループワーク時には、議論を可視化するために模造紙と付箋をよく
利用していました。オンラインの地域 PBL では、それと同等のことをするた
めに Google Jamboard を利用しました。Jamboard を利用することにより、かな
り効率的にグループワークを進めることができました。さらに教員が各グルー
プの Jamboard に入っておくことにより、Zoom の各ブレークアウトルームに
入らなくても、グループワークの進行具合が一目でわかり、これはオンライン
で実施する PBL が対面よりも有利な点かもしれません。さらに、Jamboard の
設定で、グループメンバーには編集者として共有し、それ以外の受講生には閲
覧者として共有することにより、他のグループの議論の様子を随時閲覧に行
くことができ、他グループの議論を参考にしながら、自分達のグループで議
論することが容易だったことも利点としてあげられると思います。もちろん、

グループワークのツールとして他のツールも使えると思います。Miro などは Jamboard よりも細かい機能があるので使いこなせれば大変便利です。ただ、今回の経験では、Google Classroom との連携が容易だったという点で大変便利でした。

（4）ストーリーテリング（寸劇）には Google スライドを利用した

　対面の最終的なプレゼンはグループメンバーが出演した寸劇の形で実施していました。Zoom を使ってもできないわけではありませんでしたが、Zoom の場合見る人によって各出演者の映像の位置が変わるので、Google スライドを使った紙芝居形式のストーリーテリングにしました。実際のプレゼンでは、紙芝居に合わせてグループメンバーが声を出して、楽しい時間となりました。Google スライドを使うメリットとして、1 つ目は協働で作業ができる点、2 つ目は Jamboard の時と同様の設定をしたので、他グループの紙芝居を作成途中で随時閲覧に行けた点です。後者のおかげで、どのように紙芝居を作るかというスキルが相互に学習され、各グループの内で一番高いレベルまで引き上げられたようです。また 1 つ目の点も重要で、グループメンバーは複数の大学の学生から構成されているので、なかなか対面であって打ち合わせをするのは難しく、実際のスライドを見ながら議論を行い、かつ、担当を決めて作業することにより自分のグループ内で役割を認識し、居場所を確保することができたようです。

（5）地域を超えてインタビューを実施した

　対面の場合、フィールドワークのインタビューはその地域の方限定で行うことが多いのですが、オンラインで実施するとその制約がはずれ、オンラインで全国の方に参加してもらえるというメリットがあります。今回も、3 人のうち 2 人は福井の別の地域の方で、1 人は九州地域の方にお願いし、インタビューをすることができました。もちろん、地域固有の課題に焦点を当てるということも重要だと思いますが、いろいろな視点からのお話しが聞けるという意味で、オンラインによるインタビューは今後も活用されて良いかもしれません。

(6) テーマを地域特有の課題から一般的なものに変更した

　例年だと地域特有の課題をテーマにすることが多いのですが、オンラインということで、地域のフィールドワークができないこともあり、「一般的な地域」を対象としたテーマ「地域にとっての幸福とは何か」としました。そのため、フィールドワークの代替であるインタビューも上述のように、異なる3地域からお願いしました。

7-3　オンライン地域PBLでうまくいった点といかなかった点

　フィールドワークを伴う地域 PBL のような授業においては、オンラインでフィールドワークを伴う地域 PBL のような授業においては、オンラインで実施するのは難しいと考える方が多いのではないでしょうか。2020 年度にオンラインで実施した地域 PBL で、うまくいった点とうまくいかなかった点があり、それを以下にまとめておきます。

(a) うまくいった点

　問いを立てることと信頼関係を創ることを通して自律的学習者を育成することを目的に地域 PBL を開講していますが、その評価の尺度として 2020 年度は、第 5 章で説明した内発的動機づけと情動知能の質問紙に回答してもらいました。その結果、内発的動機づけの指標では、4 つの下位尺度のうち有能感と自己決定感が 5% 有意で向上していました。また、情動知能では、4 つの下位尺度のうち情動の調整、情動の利用、他者の感情の評価の 3 つが 1% 有意で向上していました。

　さらに、グループワークに焦点をあてると、Google Jamboard を利用して、対面よりむしろスムーズにワークが進められ、グループ内の信頼関係もリーダーシップの 3 要素を利用して醸成したこともあり、対面と同等かそれ以上にグループワークが進められたと考えています。これは、教員側からみていてもそういった振返りが出ていますし、学生側からも次のような感想が出されて

いるので、そんなに相違はないように思います。

> 最初は長いなと感じていた5日間があっという間に感じられるような充実した集中講義でした。私はこれまでグループワークなどの話し合いを行うことが苦手で、それを克服したくてこの講義を取らせていただいたのですが、見事に克服できたと感じています。

> これまで、グループワークは何度か経験してきたが、グループワークをするうえで重要なことというのを深く学んだのは初めてであったからだ。（中略）これからのゼミや社会に出てからも役立つことであると思うため、受講できて満足に感じる。

（b）うまくいかなかった点

　うまくいかなかった1つ目は、ネットワークや機器によるトラブルです。地域PBLがオンラインであったため、ネットワーク環境の影響のため途中で回線が断たれる学習者も少数ですがありました。またパソコンにWebカメラがついていないため、Zoomへの接続はスマートフォンで行い、JamboardやGoogle Classroomへのアクセスはパソコンで行う学習者もいました。いくつかのアプリを同時に使うのでスマートフォンだけのアクセスだと、オンラインで開講された場合、地域PBLへの参加が難しいかもしれません。

　2つ目は、授業への参加態度に関するものです。自宅や下宿から参加できるため、グループワークの際にまったくワークに参加せずに他のことをやっている学習者がいました。この学習者には何度か注意を与えた後も行動が改善しないので、その学習者を別のブレークアウトルームに移動させ、教員からこれ以上地域PBLに参加できない旨の申し渡しを行いました。対面の授業では、グループワークに入り、メンバーと違うことをするというのは難しいですが、オンラインだとそういったことができてしまう、ということが課題として認識されました。もちろん、大多数の学生は熱心に参加していたので、オンラインだから熱心に参加しなくなるというわけではありませんが、オンラインの場合、

熱心でない参加もできてしまうということは理解しておく必要があります。

　3つ目は、対面の地域 PBL で重視していたフィールドワークがオンラインでは実施することが難しいという点です。今回は、フィールドワークの代わりに、地域で活動している方のインタビューを実施しました。ただ、活動されている方は特定の地域からではなく、日本全国からお願いしたので、地域の特有の課題からは離れて、一般的な地域の課題に取り組むことになったため、学生たちもやりにくかったかもしれません。

7-4　オンラインPBL授業の今後

　2020 年の当初、地域 PBL を運営する筆者らのなかでも、地域 PBL をオンラインで実施するのは難しいという意見はありました。しかし、実施した上でどうかを判断しようという考え方が大勢を占め、大学を超えて提供されていた多くの授業が中止になるなか、地域 PBL はオンラインで実施されました。

　2020 年度は、オンデマンド講義や同時配信でも講義形式の授業が多いなかで、参加した学生からも「オンラインでもグループワークがここまでできるんだ」といった感想をもらったりしました。筆者らも、地域 PBL をオンラインで実施することによって、多くのことを学びました。このことにより、2022 年度の今、地域のフィールドワーク型の授業等が、感染状況等で突然オンラインでの実施になっても、慌てず、淡々と対応できるようになっています。

　対面とオンラインにはそれぞれのメリットとデメリットがあります。今後状況が 2020 年以前の状態に戻っても、授業形態としては、対面とオンラインの特徴を活かして、適切にミックスした授業設計ができるようになるのではないかと期待しています。そのためには、今回の経験は重要な通過点でなかったかと考えています。

第 7 章のまとめ

(1) 2020 年に地域 PBL をオンラインで実施しました。

(2) オンライン地域 PBL では、教員および学生同士のやりとりには、各種 ICT システムを利用しました。

(3) 自律的学習者を育てるという本来の目的に向かった学習活動に支障はなく、グループワークもスムーズに進行しました。

(4) ネットワークや機器トラブル、および、学習者の授業への参加度のバラツキが多くなる可能性がある点に注意が必要です。

おわりに

　本書は、「深いアプローチ」「深い理解」「深い関与」に基づくディープ・アクティブラーニング（DAL）を大学・高校で具現化するため、背景となる学習理論の解説および授業設計と実際の進め方、そして評価方法までを一貫する方法論を提示したものです。

　「はじめに」でも触れたように、本教育実践は、福井県内の 5 つの高等教育機関が連携して活動する大学連携事業（Fukui LEarning Community ConSortium: F-LECCS：F レックス）において試みられた、いわば実験と探究の成果です。本書の執筆は、山川（学習科学）と早川（文化人類学）の 2 名で行いましたが、当の教育実践は、意欲をもって参加した、教育工学、教科教育学（数学）、デザイン学、森林科学、社会学等のさまざまな分野の教員の参画によって出来上がりました。その意味において本書は、共同研究の成果でもあり、協働教育の産物でもあります。

　本書に関わる点と思い、少しだけ地域 PBL に関連した筆者（早川）の話をします。筆者は、地域志向教育と呼ばれる領域の担当者として大学教員のキャリアを始めました。地域志向教育の大きなジレンマの 1 つは、「地域のためになる」ことと「学習者のためになる」ことをどのように両立させるかでした。そのなかで、文化人類学の方法や態度が組み込まれたデザイン思考の可能性を知り、それをどう具体的な授業実践に組み込むかを模索しているところで、F レックスと出合いました。

　通常、教員は、授業を独りで設計・実践します。そうすると、どうしても自身の教育観や専門性を相対化する機会が乏しくなり、結果として「自分」に執着した授業になってしまいがちです。ですが、F レックスで他機関・他分野の教員と交わり、地域の集会所で共に時間を過ごしながら授業をすることによって、そうした「自分」の授業を解いて再構成できたように思います。第 3 章

で学習者が関係性のなかで自らの主体性を再確認していく様態を「じぶん」と表現しましたが、筆者にとってこの授業実践そのものが、メンバーの教員や学生、そして地域やそこに住まう方々との関係性に身を投じることで、教育する主体としての「じぶん」をつくる学びのプロセスでした。いわば、本書がめざす「学ぶことを面白いと感じ、内発的動機づけから活動するような学習者」という自律的学習者としての一歩を、このチームティーチングを通じてわたし自身が見出せたともいえます。

　現在の日本社会において、教育のあり方や教育を取り巻く環境は大きく変わっています（あるいは変わることを求められています）。そのなかで、独りで授業を設計・実践することにはどうしても限界があります。本書が、より深い学びに向けた授業の開発やFD（ファカルティ・ディベロップメント）に興味のある方にとって意義あるものとなれば幸いです。

　本書の執筆にあたり、複数の研究会等（関連：JSPS 科研費 21H00641 ／ 22K01087）での研究者・教員との交流だけでなく、プロのファシリテーターやデザイナーとの交友（correspondence）が実践を記述する際の手助けとなりました。ありがとうございました。最後になりましたが、この出版企画を通してくださった春風社の岡田幸一さま、そして編集担当の横山奈央さまにこの場を借りて、お礼申し上げます。

参考文献

はじめに

Deci, E. L. & Ryan, R. M.（1985）The general causality orientation scale: Self-determination theory in personality, *Journal of Research in Personality*, 19, pp.109-134.

第1章

エンゲストローム , ユーリア（2010）変革を生む研修のデザイン，鳳書房.

エンゲストローム , ユーリア（1999）拡張による学習，新曜社.

バーガー , ウォーレン（2016）Q 思考，ダイヤモンド社.

ブラウン , ティム（2014）デザイン思考が世界を変える，早川書房.

ベイトソン , グレゴリー（1986）精神の生態学，思索社 .

松下佳代編（2015）ディープ・アクティブラーニング，勁草書房.

Kim, H. Daniel（2001）"Organizing for Learning: Strategies for Knowledge Creation and Enduring Change", Pegasus Communications.

第2章

コルトハーヘン , フレッド（2012）教師教育学，学文社.

シャーマ , オットー（2010）U 理論，英治出版.

シャイン , エドガー他（2020）謙虚なリーダーシップ，英治出版.

日向野幹也（2013）大学教育アントレナーシップ，ナカニシヤ出版.

日向野幹也（2018）高校生からのリーダーシップ入門，筑摩書房.

Google re:Work，"効果的なチームとは何かを知る"，（https://rework.withgoogle.com/jp/guides/understanding-team-effectiveness/ 2022 年 12 月 1 日閲覧）

第3章

井登友一（2022）『サービスデザイン思考──「モノづくりからコトづくりへ」をこえて』NTT 出版.

インゴルド, ティム（2020)『人類学とは何か』奥野克巳・宮崎幸子訳, 亜紀書房.

奥出直人（2007)『デザイン思考の道具箱——イノベーションを生む会社の作り方』早川書房.（文庫版 2013 年）

川喜田二郎（1993)『創造と伝統　人間の深奥と民主主義の根元を探る』祥伝社.

北川亘太・渡辺隆史・比嘉夏子（2020)「序章」北川亘太・比嘉夏子・渡辺隆史『地道に取り組むイノベーション　人類学者と制度経済学者がみた現場』pp.1-27, ナカニシヤ出版.

ケリー, デビッド & ケリー, トム（2014)『クリエイティブ・マインドセット　想像力・好奇心・勇気が目覚める驚異の思考法』千葉敏生訳, 日経 BP 社.

出口顕（2017)「今日のブリコラージュ」奥野克己・石倉敏明編『Lexicon 現代人類学』pp.30-33, 以文社.

長谷川愛（2020)『20XX 年の革命家になるには——スペキュラティヴ・デザインの授業』ビー・エヌ・エヌ新社.

早川公（2017)「「地域志向教育」とは何か——地域学, フィールドワーク, 拡張現実」『教育・学生支援センター紀要』pp.17-25.

早川公（2018)「地域志向教育づくりの検証に向けた試論的考察——「アンチパターン」概念を手掛かりとして」『関係性の教育学』17: 73-84.

堀井秀之（2015)「東京大学 i.school におけるイノベーション教育の試み」『工学教育』63（1）: 37-42.

マリノフスキー, ブロニスワフ（1967)『西太平洋の遠洋航海者』寺田和夫・増田義郎訳『世界の名著 59』中央公論社.

宮本道人・難波優輝・大澤博隆（2021)『SF プロトタイピング——SF からイノベーションを生み出す新戦略』早川書房.

森永泰史（2021)『デザイン, アート, イノベーション　経営学から見たデザイン思考, デザイン・ドリブン・イノベーション, アート思考, デザイン態度』同文舘出版.

Moeran, B. (Ed.) (2009). *From participant observation to observant participation.* SAGE Publications Ltd, https://dx.doi.org/10.4135/9781446278925

第 4 章

板垣順平・大坪牧人（2014）「デザイン人類学」のフィールド教育：日常から気づきや学びを得るためのアプローチ（〈特集〉フィールドワーク再考），デザイン研究特集号，21 巻 4 号，pp.22-27.

一般社団法人デザイン思考研究所編著（2013）『デザイン思考ファシリテーションガイドブック』一般社団法人デザイン思考研究所.

川喜田二郎（1993）創造と伝統　人間の深奥と民主主義の根元を探る，祥伝社.

ケリー，トム＆リットマン，ジョナサン（2006）イノベーションの達人——発想する会社をつくる 10 の人材，鈴木主税訳，早川書房.

佐宗邦威（2015）『21 世紀のビジネスにデザイン思考が必要な理由』クロスメディア・パブリッシング（インプレス）.

ピンク，ダニエル（2013）『人を動かす，新たな 3 原則 売らないセールスで，誰もが成功する！』神田昌典訳，講談社.

第 5 章

アントノフスキー，アーロン（2001）健康の謎を解く，有信堂高文社.

ゴールンマン，ダニエル（1996）EQ——こころの知能指数，講談社.

桜井茂男（1993）自己決定とコンピテンスに関する大学生用尺度，奈良教育大学教育研究所紀要，vol.29，pp.203-208.

田中洋一，山川修（2019）内発的動機づけを高める地域協働型 PBL の設計，日本教育工学会 2019 年秋季全国大会講演論文集，pp.447-448.

豊田弘司，山本晃輔（2011）日本版 WLEIS（Wong and Law Emotional Intelligence Scale）の作成，奈良教育大学教育実践総合センター研究紀要，vol.20，pp.7-12.

ボウルビー，ジョン（1976）母と子のアタッチメント 心の安全基地，医歯薬出版社.

山川修（2021）Secure Base と情動知能および内発的動機の関係性に関する研究，
　　教育システム情報学会第 46 回全国大会講演論文集，pp.53-54.

第 6 章
鹿毛雅治編（2012）モティベーションを学ぶ 12 の理論，金剛出版.
経済協力開発機構編（2018）社会情動的スキル　学びに向かう力，明石書店.
白井俊（2020）OECD Education2030 プロジェジェクトが描く教育の未来，ミ
　　ネルヴァ書房.

第 7 章
佐伯邦男（1990）三極発想法，日新報道.

索引

【著者】

山川修（やまかわ・おさむ）［第1章、第2章、第5章、第6章、第7章を担当］
所属：福井県立大学学術教養センター教授
専門：学習科学、教育工学
経歴：名古屋大学大学院理学研究科物理学専攻修了。理学博士。その後、高エネルギー物理学研究所、日本ビジネスオートメーション（現、東芝情報システム）、福井県立短期大学を経て 2007 年より現職。現在、自律的学習者をささえる内発的動機づけの大本にある「安心さ」に興味を持ち、社会情動的スキルを向上させる観点からの実践と理論化に取り組んでいる。

早川公（はやかわ・こう）［第3章、第4章を担当］
所属：大阪国際大学准教授、FD センター長
専門：文化人類学、まちづくり論、地域志向教育論
経歴：筑波大学大学院人文社会科学研究科修了。博士（国際政治経済学）。大学院在学時につくば市北条地区のまちづくり活動に関わりながら研究を実践。民間企業勤務後大学教員となり、宮崎、福井、大阪で地域志向教育（Commmunity Based Learning）に携わってきた。現在は、文化人類学の方法を社会に実装する方法について研究している。
主著に『まちづくりのエスノグラフィ』（春風社、2018 年）、「地域志向教育における主体性の布置――中動態を手掛かりとして」（関係性の教育学、19 巻、2020 年）など。

ディープ・アクティブラーニングのはじめ方
―― つながりのなかに主体性を取り戻す

2023 年 3 月 28 日　初版発行

著者	山川修 やまかわ おさむ　早川公 はやかわ こう
発行者	三浦衛
発行所	**春風社** *Shumpusha Publishing Co.,Ltd.* 横浜市西区紅葉ヶ丘 53　横浜市教育会館 3 階 〈電話〉045-261-3168　〈FAX〉045-261-3169 〈振替〉00200-1-37524 http://www.shumpu.com　✉ info@shumpu.com
装丁 印刷・製本	矢萩多聞 シナノ書籍印刷株式会社

乱丁・落丁本は送料小社負担でお取り替えいたします。
©Osamu Yamakawa and Ko Hayakawa. All Rights Reserved. Printed in Japan.
ISBN 978-4-86110-854-9 C0037 ¥2200E